Panorama

Deutsch als Zweitsprache

Carmen Dusemund-Brackhahn
Andrea Finster
Dagmar Giersberg
Friederike Jin
Verena Paar-Grünbichler
Steve Williams
Claudia Böschel

A 2.1

Übungsbuch –
Leben in Deutschland

 Zusatzmaterialien online verfügbar unter
www.cornelsen.de/webcodes   **Code: zopici**

Deutsch als Zweitsprache

Übungsbuch A2.1
Leben in Deutschland

Im Auftrag des Verlages erarbeitet von
Carmen Dusemund-Brackhahn, Andrea Finster, Dagmar Giersberg, Friederike Jin, Verena Paar-Grünbichler, Steve Williams und Claudia Böschel (Leben in Deutschland)

Redaktion: Claudia Groß, Andrea Mackensen
Redaktionelle Mitarbeit: Lorena Onken
Projektleitung: Gertrud Deutz
Beratende Mitwirkung: Elena Schneider

Umschlaggestaltung: Rosendahl Berlin, Agentur für Markendesign
Layout und technische Umsetzung: Klein & Halm Grafikdesign, Berlin
Illustrationen: Bianca Schaalburg (S. 16, 79, 80, 98, 101), Tanja Székessy (S. 9, 17, 53, 64, 91, 109)

Tonstudio: Clarity Studio Berlin
Regie: Susanne Kreutzer
Tontechnik: Pascal Thinius, Christian Marx
Sprecherinnen und Sprecher: Denis Abrahams, Helena Goebel, Marianne Graffam, Roman Hemetsberger, Kim Pfeiffer, Benjamin Plath, Vera Schmidt, Felix Würgler

Symbole

 Hörtext auf CD   Prüfungsformat Goethe-Zertifikat A2

Soweit in diesem Lehrwerk Personen fotografisch abgebildet sind und ihnen von der Redaktion fiktive Namen, Berufe, Dialoge und Ähnliches zugeordnet oder diese Personen in bestimmte Kontexte gesetzt werden, dienen diese Zuordnungen und Darstellungen ausschließlich der Veranschaulichung und dem besseren Verständnis des Inhalts.

www.cornelsen.de

Die Webseiten Dritter, deren Internetadressen in diesem Lehrwerk angegeben sind, wurden vor Drucklegung sorgfältig geprüft. Der Verlag übernimmt keine Gewähr für die Aktualität und den Inhalt dieser Seiten oder solcher, die mit ihnen verlinkt sind.

1. Auflage, 2. Druck 2020

Alle Drucke dieser Auflage sind inhaltlich unverändert und können im Unterricht nebeneinander verwendet werden.

© 2016 Cornelsen Schulverlag GmbH, Berlin
© 2020 Cornelsen Verlag GmbH, Berlin

Das Werk und seine Teile sind urheberrechtlich geschützt. Jede Nutzung in anderen als den gesetzlich zugelassenen Fällen bedarf der vorherigen schriftlichen Einwilligung des Verlages.
Hinweis zu §§ 60a, 60b UrhG: Weder das Werk noch seine Teile dürfen ohne eine solche Einwilligung an Schulen oder in Unterrichts- und Lehrmedien (§ 60b Abs. 3 UrhG) vervielfältigt, insbesondere kopiert oder eingescannt, verbreitet oder in ein Netzwerk eingestellt oder sonst öffentlich zugänglich gemacht oder wiedergegeben werden. Dies gilt auch für Intranets von Schulen.

Druck: H. Heenemann, Berlin

ISBN 978-3-06-120604-8

Inhalt

1	Auf Reisen	4
2	Ziele und Wünsche	14
1|2	Leben in Deutschland	24
3	Hoch, höher, am höchsten	28
4	Ein toller Fernsehabend	38
3|4	Leben in Deutschland	48
5	Alltag oder Wahnsinn?	52
6	Die schwarzen oder die bunten Stühle?	62
5|6	Leben in Deutschland	72
7	Wohin kommt das Sofa?	76
8	Lebenslinien	86
7|8	Leben in Deutschland	96
	Grammatik	100
	Unregelmäßige Verben	112
	Lösungen	115
	Hörtexte	128

Mit der PagePlayer-App, die Sie kostenlos in Ihrem App-Store herunterladen können, haben Sie die Möglichkeit, die Audios auf Ihr Smartphone oder Tablet zu laden. So sind alle Inhalte überall und jederzeit offline griffbereit.

Alternativ finden Sie diese im Webcodeportal unter **www.cornelsen.de/codes**.

1 Auf Reisen

1 Eine Reise: Deutschland – Österreich – Schweiz

1.1 Was ist das? Ergänzen Sie.

→
1. Sie möchten von Wien nach Berlin fliegen. Sie brauchen ein …
2. Taschen, Koffer und Rucksäcke sind das …
3. Sie sind am Flughafen und möchten nach Zürich fliegen. Sie warten auf den …
4. Sie möchten ins Theater, in die Oper oder in ein Museum gehen. Sie kaufen eine …

↓
5. Sie möchten mit dem Flugzeug nach München fliegen. Sie fahren mit dem Taxi zum …
6. Ihr Flug kommt gleich an. Die … ist in zehn Minuten.
7. Sie machen in Deutschland Urlaub. Sie schicken Ihren Freunden eine …
8. Eine Freundin aus der Schweiz möchte eine Reise nach Russland machen. Sie braucht ihren …

Lösungswort:

1	2	3	4	5	6	7	8	9	10	11	12	13
	M						E					

1.2 Was passt? Verbinden Sie. Der Text im Kursbuch auf Seite 10 hilft.

1. einen Flug   a packen
2. den Rucksack   b empfehlen
3. den Reisepass   c erklären
4. die Stadt   d fragen
5. ein Hotel   e besichtigen
6. keinen Sitzplatz   f vergessen
7. den Weg   g buchen
8. nach dem Weg   h bekommen

1.3 Schreiben Sie mit den Wörtern in 1.2 Sätze.

4 vier

1.4 Wiederholung: Präpositionen. Was passt? Ergänzen Sie.

am – im – in – in – mit – nach – nach – um – von ... bis – ~~von~~

1. Björn und Ulrike wollen am Wochenende *von* Wien _____ Salzburg fahren. Sie fahren _____ dem Zug.
2. Das Konzert in der Lukaskirche findet _____ Freitag _____ 19:00 Uhr statt.
3. Die Semesterferien _____ Sommer dauern _____ Deutschland fast drei Monate: Sie sind _____ August _____ Oktober.
4. Pedro und Pavel wollen _____ dem Mittagessen _____ ein Museum gehen.

1.5 Florians Urlaub. Was ist auf der Reise passiert? Hören Sie und ordnen Sie die Aktivitäten.

a ☐ im Meer baden
b ☐ in Linz ins Konzert gehen
c ☐ viele Sehenswürdigkeiten sehen
d ☐ zu einer Freundin fahren
e ☐ viel fotografieren
f ☐ 1 mit dem Auto nach Athen fahren
g ☐ am Abend ausgehen
h ☐ in den Bergen wandern

1.6 Wiederholung: Perfekt. Was haben Florian und seine Freunde gemacht? Schreiben Sie Sätze in Ihr Heft. Unterstreichen Sie dann die Verben.

Zuerst sind sie mit dem Auto nach Athen gefahren. Dort haben sie ...

2 Perfekt: Er hat seinen Pass vergessen.

2.1 Ordnen Sie die Partizip-II-Formen in die Tabelle und ergänzen Sie den Infinitiv.

entschuldigt – erklärt – gesucht – diskutiert – gebucht – verstanden – empfohlen – gebadet – bekommen – besichtigt – gegessen – passiert – vergessen – gefahren – gepackt – fotografiert – kennengelernt – gegangen – besucht

regelmäßige Verben		unregelmäßige Verben	
(__)ge_____(e)t	_____(e)t	(__)ge_____en	_____en
	fotografiert (fotografieren)		

2.2 Welche Verben in 2.1 bilden das Perfekt mit *sein*? Unterstreichen Sie.

1 Auf Reisen

2.3 Welches Verb passt? Ergänzen Sie die Verben im Perfekt.

verstehen – besichtigen – buchen – suchen – packen – bekommen – erklären – besuchen

1. Die Freunde _____ zuerst die Rucksäcke _____ .
2. Sie _____ in Salzburg am Nachmittag die Stadt _____ .
3. Eine Frau _____ ihnen in Luzern den Weg _____ . Die Freunde _____ sie nicht _____ und _____ das Hotel lange _____ .
4. Gestern _____ Herr und Frau Gruber Freunde in Wien _____ .
5. Herr Neuwirt _____ am Wochenende im Internet ein Hotel _____ .
6. Lena hatte am Dienstag Geburtstag. Sie _____ von ihren Kollegen Blumen _____ .

2.4 Helenas Koffer-Geschichte. Was passt? Ordnen Sie zu.

in Rom ankommen, aber der Koffer nicht da sein – zum Flughafen fahren –
den Koffer packen – zur Information gehen und das Problem erklären –
einen Flug nach Rom im Internet buchen – nach zwei Tagen die Sachen endlich bekommen

1. _____

2. _____

3. _____

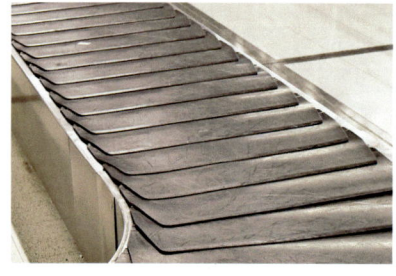
4. _____

5. _____

6. _____

2.5 Schreiben Sie Helenas Geschichte im Perfekt in Ihr Heft.

Helena hat im Internet einen Flug nach Rom gebucht. Dann ...

3 Meine Reise

3.1 Was ist richtig? Lesen Sie und kreuzen Sie an.

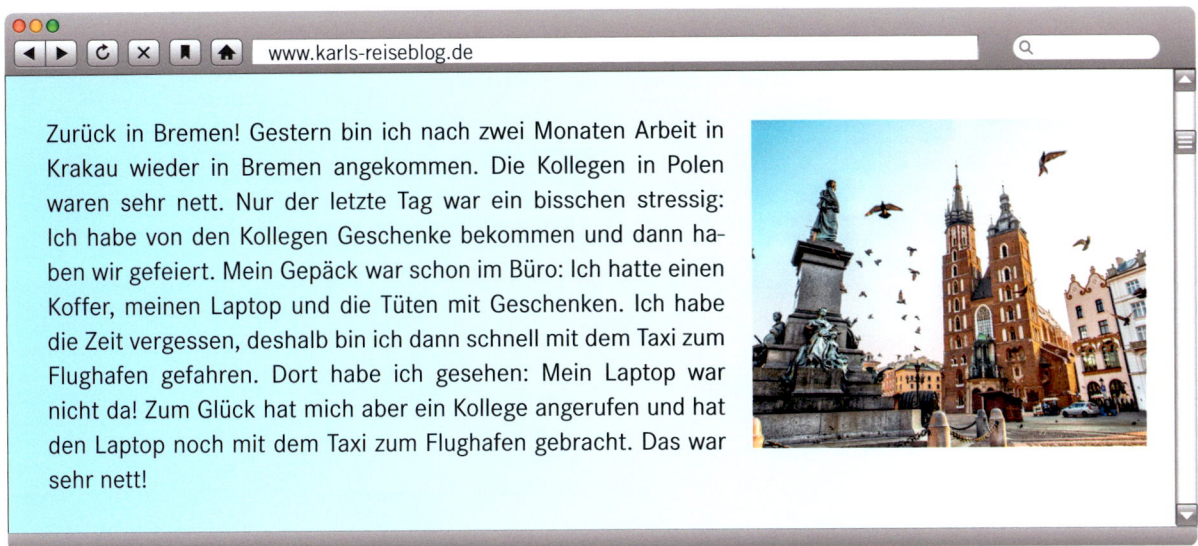

www.karls-reiseblog.de

Zurück in Bremen! Gestern bin ich nach zwei Monaten Arbeit in Krakau wieder in Bremen angekommen. Die Kollegen in Polen waren sehr nett. Nur der letzte Tag war ein bisschen stressig: Ich habe von den Kollegen Geschenke bekommen und dann haben wir gefeiert. Mein Gepäck war schon im Büro: Ich hatte einen Koffer, meinen Laptop und die Tüten mit Geschenken. Ich habe die Zeit vergessen, deshalb bin ich dann schnell mit dem Taxi zum Flughafen gefahren. Dort habe ich gesehen: Mein Laptop war nicht da! Zum Glück hat mich aber ein Kollege angerufen und hat den Laptop noch mit dem Taxi zum Flughafen gebracht. Das war sehr nett!

	richtig	falsch
1. Karl hat in Krakau gearbeitet.	☐	☐
2. Die Kollegen haben Karl einen Laptop geschenkt.	☐	☐
3. Karl hat den Laptop in der Firma vergessen.	☐	☐
4. Er hat den Laptop mit dem Taxi schnell abgeholt.	☐	☐

3.2 Welche Fragen passen? Schreiben Sie.

1. 💬 *Haben Sie schon einmal …* ?

   👍 Ja, ich habe schon einmal den Reichstag in Berlin besichtigt.

2. 💬 _____?

   👍 Nein, ich habe noch nie in der Schweiz Urlaub gemacht.

3. 💬 _____?

   👍 Ja, ich habe schon einmal einen Koffer am Flughafen verloren.

4. 💬 _____?

   👍 Nein, ich habe noch nie einen Geburtstag vergessen.

3.3 Hören Sie die Fragen und antworten Sie.

1. Haben Sie schon einmal auf einem Schiff geschlafen?
2. Haben Sie schon einmal ein Hotel im Internet gebucht?
3. Sind Sie schon einmal in einem See geschwommen?
4. Sind Sie schon einmal mit einem Motorrad gefahren?
5. Haben Sie schon einmal Ihren Laptop verloren?
6. Haben Sie schon einmal Käsefondue probiert?

> Ja, ich habe schon einmal auf einem Schiff geschlafen.

> Nein, ich habe noch nie auf einem Schiff geschlafen.

3.4 Schließen Sie das Buch. Hören Sie noch einmal und antworten Sie.

1 Auf Reisen

4 Mein Fahrrad ist weg!

4.1 Was ist was? Schreiben Sie die Wörter und ergänzen Sie den Plural.

die Ampel – der Bahnhof – die Bank – die Boutique – die Buchhandlung – die Bushaltestelle – die Eisdiele – der Park – das Tor

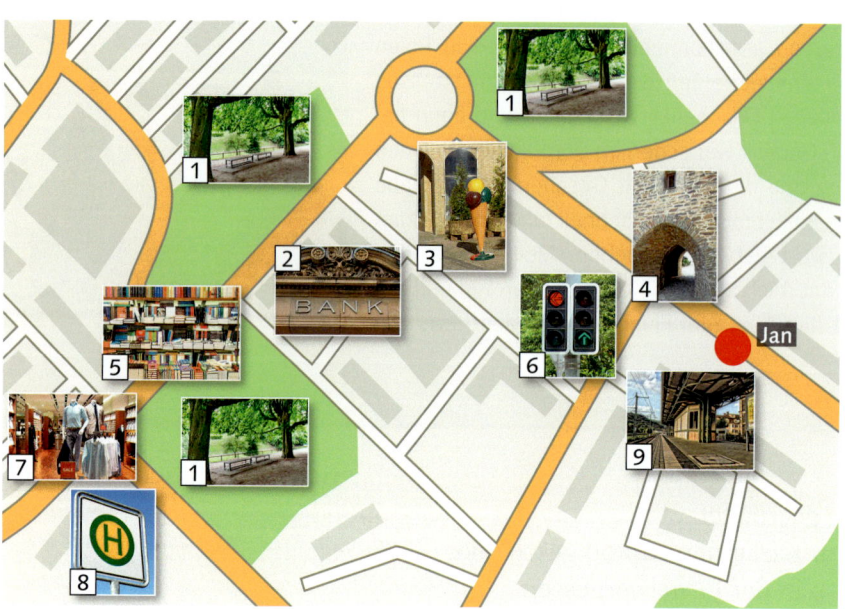

1. der Park, -s
2. _____
3. _____
4. _____
5. _____
6. _____
7. _____
8. _____
9. _____

4.2 Was ist passiert? Hören Sie und kreuzen Sie an.

1. ☐ Jan hat sein Fahrrad bei Marcel vergessen.
2. ☐ Jan hat sein Fahrrad in der Stadt verloren.

4.3 Wie ist Jan gefahren? Wo steht sein Fahrrad? Hören Sie und zeichnen Sie Jans Weg in die Karte in 4.1.

5 Lokale Präpositionen

5.1 Dativ oder Akkusativ? Ergänzen Sie die Artikel.

1. Sebastian arbeitet beim Rathaus. Das Rathaus ist gegenüber von _____ Post.
2. Er fährt immer mit dem Fahrrad durch _____ Park bis zum Bahnhof.
3. Einmal ist er mit dem Fahrrad gegen _____ Tor gefahren.
4. Dann ist er zu Fuß zum Bahnhof gegangen. Auf dem Weg ist er an _____ Buchhandlung vorbei gegangen.

5.2 Lina geht spazieren. Welche Präposition passt? Ordnen Sie zu und ergänzen Sie die Sätze.

an ... vorbei – ~~aus~~ – bis zu – durch – gegen – gegenüber von

1. Um 14 Uhr geht Lina *aus dem Haus*.

3. Sie sitzt _____.

5. Lina läuft _____.

2. Sie geht _____.

4. Sie geht _____.

6. Später geht sie _____ und wieder zurück.

6 Bei der Polizei: eine Verlustanzeige machen

6.1 Ergänzen Sie die Informationen zu Ihrer Person.

👄 Guten Tag. Ich habe meinen Wohnungsschlüssel verloren.
👂 ...
👄 Okay, kein Problem.
👂 ...
👄 Ich war gestern Abend in der Disko am Bahnhof. Um 22 Uhr hatte ich den Schlüssel noch, aber um 1:30 Uhr war er weg.
👂 ...
👄 Ich heiße _____. Meine Adresse ist _____ und meine Telefonnummer ist _____.
👂 ...
👄 Gern. Wo?
👂 ...
👄 Vielen Dank, auf Wiedersehen.

6.2 Karaoke. Hören Sie und sprechen Sie die 👄-Rolle.

1 Auf Reisen

7 Wien

7.1 Wien an einem Tag. Sie möchten eine Tagestour in Wien machen. Welche Tour passt? Lesen Sie und kreuzen Sie an.

Wien erleben ~ an einem Tag!

Tour 1 ~ **Wien zu Fuß erleben** ~ Ein Spaziergang durch das Zentrum: Treffpunkt am Karlsplatz, weiter zur Hofburg, Burggarten und Burgtor kennenlernen, von dort zum Rathaus, am Ende den Stephansdom besichtigen.

Tour 2 ~ **Wiener Ringstraße** ~ Mit dem Bus an allen wichtigen Sehenswürdigkeiten vorbei: Rathaus und Universität besichtigen, im Wiener Prater Riesenrad fahren, Besuch im Burgtheater (*Dantons Tod*) oder in der Staatsoper (*Tristan und Isolde*) – Eintrittskarten kosten extra.

Tour 3 ~ **Kaiserstadt Wien** ~ Vormittags: Schloss Schönbrunn kennenlernen – Spiegelsaal, Wohn- und Arbeitszimmer von Kaiser Franz Joseph besichtigen, Spaziergang durch den Schlosspark. Nachmittags: Hofburg besichtigen – Sisi-Museum, Kaffee und Kuchen im Café Hofburg.

Tour 4 ~ **Wien für Feinschmecker** ~ Spaziergang über den Naschmarkt (österreichische und internationale Spezialitäten probieren), Besuch in einem traditionellen Kaffeehaus: Sacher-Torte und Mélange (Wiener Milchkaffee) genießen, Weinprobe und typische Wiener Küche beim Heurigen (Restaurant).

1. Sie gehen gern spazieren und wollen alle wichtigen Sehenswürdigkeiten besichtigen.
   a ☐ Tour 1   b ☐ Tour 2   c ☐ andere Tour
2. Sie wollen Spezialitäten aus Österreich kennenlernen.
   a ☐ Tour 3   b ☐ Tour 4   c ☐ andere Tour
3. Sie möchten auch am Abend ausgehen.
   a ☐ Tour 1   b ☐ Tour 3   c ☐ andere Tour
4. Sie wollen die Hofburg besichtigen. Sie finden die Kaiserzeit interessant.
   a ☐ Tour 2   b ☐ Tour 3   c ☐ andere Tour

7.2 *Deshalb*. Schreiben Sie Sätze.

1. In Wien gibt es viele Sehenswürdigkeiten. Jedes Jahr kommen viele Touristen.
2. Viele Touristen wollen Spezialitäten aus Österreich probieren.
   Sie besuchen den Naschmarkt.
3. Die Kaiserin Sisi kennt jeder. Das Sisi-Museum in der Hofburg ist sehr beliebt.
4. Die Touristen sitzen oder liegen gern auf den Sofas im Museumsquartier.
   Man findet dort oft keinen Platz.

1. In Wien gibt es viele Sehenswürdigkeiten, deshalb kommen ...

1.07 **7.3** Diktat. Hören und ergänzen Sie. Nutzen Sie die Pausentaste (⏸).

Hundertwasserhaus   Riesenrad im Prater   Stephansdom

Wien hat _____, zum Beispiel den Stephansdom im Zentrum. Der Stephansdom ist _____. _____ seit 1147 _____ Meter _____. Dann gibt es auch das Hundertwasserhaus. Der Architekt war Friedensreich Hundertwasser. _____ und _____. Aber in dem Haus _____. Es gibt dort _____. Auch der Wiener Prater – _____ – ist sehr bekannt. Das Riesenrad kennt jeder. Hier gibt es viele Karussells, _____.

8 Ihre Heimatstadt

1.08 **8.1** Was erzählt Clara über Wiener Neustadt? Hören Sie und machen Sie Notizen.

Wie ist die Stadt?	Was gibt es in der Stadt?	Was kann man dort machen?
– nicht groß, nicht klein		

8.2 Und Ihre Heimatstadt? Schreiben Sie einen Text über Ihre Heimatstadt in Ihr Heft.

Und in Ihrer Sprache?

Ihre Freundin / Ihr Freund versteht kein Deutsch und möchte eine Tour durch Wien machen. Beschreiben Sie ihr/ihm das Angebot aus 7.1 in Ihrer Muttersprache.

1 Alles klar?

1 Über eine Reise erzählen: Schreiben Sie die Verben im Perfekt.

Martha _____ mit ihrer Familie im Sommer in die Schweiz _____ (fahren). Martha, ihr Mann Ronald und die Kinder _____ fünf Tage in Zürich _____ (bleiben). Sie _____ zuerst die Stadt _____ (besichtigen). Dann _____ sie eine Tante von Ronald _____ (besuchen). Der Bodensee _____ ihnen auch sehr gut _____ (gefallen). Sie möchten auch nächstes Jahr wieder in die Schweiz fahren.

Punkte: 10

2 Eine Verlustanzeige bei der Polizei machen: Welche Antwort passt? Kreuzen Sie an.

1. Guten Tag, was kann ich für Sie tun?
   - a ☐ Vielen Dank für Ihre Hilfe.
   - b ☐ Guten Tag, ich möchte eine Verlustanzeige machen.
2. Wo haben Sie Ihr Handy verloren?
   - a ☐ Ich weiß es leider nicht.
   - b ☐ Ich glaube, am Freitagnachmittag.
3. Wann war Ihr Handy weg?
   - a ☐ Das Handy ist ganz neu.
   - b ☐ Heute Morgen. Gestern hatte ich es noch.
4. Haben Sie in den Geschäften gefragt?
   - a ☐ Ja, aber dort ist es auch nicht.
   - b ☐ Ja, ich habe das Geschäft gefunden.

Punkte: 4

3 Eine Stadt beschreiben: Schreiben Sie die Sätze zu Ende.

1. Meine Stadt ist nicht groß und nicht klein, deshalb _____. (man – hier gut – leben können)
2. Hier gibt es viele Sehenswürdigkeiten, deshalb _____. (viele Touristen – die Stadt – besuchen)
3. Im Zentrum sind viele Cafés und Bars, deshalb _____. (die Stadt – für Studenten sehr interessant – sein)

Punkte: 6

Punkte gesamt
17–20: Super!
11–16: In Ordnung.
0–10: Bitte noch einmal wiederholen!

Seite 10–11

das Flugticket, -s

der Flughafen, -ä-

der Abflug, -ü-e

    abfliegen, er/sie ist abgeflogen

    ankommen, er/sie ist angekommen

die Eintrittskarte, -n

das Gepäck (Sg.)

die Postkarte, -n

die Semesterferien (Pl.)

die Entscheidung, -en

    da sein

    Die Entscheidung war schnell da.

der Flug, -ü-e

    buchen

der Rucksack, -ä-e

der Anfang, -ä-e

    stressig

der Reisepass (Pass), -ä-e

    verlieren, er/sie hat verloren

    besichtigen

die Burg, -en

das Wohnhaus, -äu-er

der Sitzplatz, -ä-e

    hoffentlich

    sofort

Seite 12–13

die Eisdiele, -n

die Boutique, -n

die Buchhandlung, -en

    durch *(+ Ort)*

das Tor, -e

    gegen *(+ Ort)*

die Bank, -en

    an ... *(+ Ort)* vorbei

    Wir sind an der Bank vorbei gegangen.

    gegenüber von *(+ Ort)*

die Handtasche, -n

    weg sein

    Meine Tasche ist weg!

die Verlustanzeige, -n

    Ich habe eine Verlustanzeige gemacht.

der Park, -s

die Geldbörse, -n

Seite 14–15

der Bundespräsident, -en

die Bundespräsidentin, -nen

    mehrer-

die Kultur, -en

    z. B. (zum Beispiel)

    sitzen, er/sie hat gesessen

die Bar, -s

    genießen, er/sie hat genossen

die Natur (Sg.)

    bieten, er/sie hat geboten

die Öffnungszeit, -en

    unbedingt

2 Ziele und Wünsche

1 Ins Ausland gehen

1.1 Kommunizieren. Was passt? Ergänzen Sie. Achten Sie bei den Verben auf die richtige Form.

skypen – skypen – chatten – chatten – telefonieren – Computer – Smartphone – E-Mail – schicken

Leyla, 21

Ich lebe jetzt schon seit zwei Monaten im Ausland, aber ich kommuniziere viel mit meiner Familie und meinen Freunden in der Heimat.

Ich habe ein _____ und habe es immer bei mir. Das finde ich praktisch. Ich schicke Nachrichten oder Fotos an alle meine Freunde und bekomme natürlich auch von meinen Freunden viele Nachrichten. Wir _____ manchmal fünfmal am Tag.

Mit meinem Freund _____ ich auch, aber nur schreiben ist nicht genug. Wir möchten uns auch hören und sehen. Deshalb _____ wir oft, fast jeden Tag.

Mit meinen Eltern _____ ich auch manchmal, aber normalerweise _____ sie mir eine _____. Und dann gibt es noch meinen Opa. Er hat keinen _____. Das ist zu modern für ihn. Aber ich rufe ihn einmal im Monat an und dann _____ wir.

1.2 Radiointerviews. Welches Bild passt zu wem? Hören Sie und ordnen Sie zu. (1.09)

1. ☐ Herr Schweikert
2. ☐ Frau Simonis
3. ☐ Herr Wang

a b c

1.3 Was ist richtig? Hören Sie noch einmal und kreuzen Sie an. (1.09)

	richtig	falsch
1. Herr Schweikert ist Student.	☐	☐
2. Herr Schweikert kommt aus Schweden.	☐	☐
3. Herr Schweikert besucht einen Schwedischkurs.	☐	☐
4. Frau Simonis möchte nach Brasilien umziehen.	☐	☐
5. Ihr Mann hat Umwelttechnik studiert.	☐	☐
6. Sie schreibt ihrem Mann viele E-Mails.	☐	☐
7. Herr Wang hat eine Stelle in Deutschland.	☐	☐
8. Er hat früher als Schüler Deutsch gelernt.	☐	☐
9. Herr Wang hatte schon zweimal Besuch von seinen Eltern.	☐	☐

1.4 Ein Leben in Deutschland. Schreiben Sie einen Text über Frau Oliveira.

– schon seit zwei Jahren in Deutschland leben
– mit ihrem Mann nach Deutschland kommen
– ihr Mann: eine Stelle als Arzt in München bekommen
– eine Arbeit suchen
– als Programmiererin arbeiten wollen
– für die Arbeit Deutsch lernen
– viel mit ihren Eltern chatten und skypen

Marta Oliveira Pinto

Frau Oliveira lebt schon seit zwei Jahren in Deutschland. Sie ist ...

2 Warum? Weil ... Nebensätze mit *weil*

2.1 Warum leben diese Menschen in Deutschland? Schreiben Sie die Antworten in die Tabelle.

1 Jacek Mazur	2 Alina Melnek	3 Nika Mussawi	4 Jennifer Albers	5 Giorgio Fontana
Die Chancen für Techniker sind dort besser.	Sie studiert Musik in Köln.	Seine Frau hat eine Stelle in Stuttgart bekommen.	Sie möchte einen Sprachkurs machen.	Seine Freundin kommt aus Deutschland.

			Satzende (Verb)
... lebt in Deutschland,	*weil*	*die Chancen für Techniker dort besser*	*sind.*

2.2 Warum-Fragen. Was passt zusammen? Verbinden Sie.

1. Warum muss er einen Sprachkurs machen?
2. Warum können die Eltern oft kommen?
3. Warum will er nach Japan auswandern?
4. Warum sucht sie eine Arbeit?
5. Warum sind die Eltern nicht so glücklich?

a Ihre Tochter möchte ins Ausland gehen.
b Das war schon immer sein Traum.
c Sie hat ihre Stelle verloren.
d Er hat in der Schule kein Deutsch gelernt.
e Die Flüge sind günstig.

2.3 Schreiben Sie die Antworten zu den Fragen in 2.2 mit *weil*.

1. Er muss einen Sprachkurs machen, weil er ...

2 Ziele und Wünsche

2.4 Was passt? Ordnen Sie zu und schreiben Sie Antworten mit *weil*.

1. Warum machst du das Fenster auf?
2. Warum geht Herr Bianchini heute nicht zur Arbeit?
3. Warum will Marianne jetzt nicht spazieren gehen?
4. Warum antwortet meine Freundin nicht?

regnen – Kopfschmerzen haben – ~~warm sein~~ – ihr Handy kaputt sein

1. Ich mache das Fenster auf, weil es warm ist.

5. Warum kannst du deinen Laptop nicht benutzen?
6. Warum sind Kim und Mitja so müde?
7. Warum findet Herr Thimm die Buchhandlung nicht?
8. Warum kann Frau Kovac nicht mit dem Auto fahren?

den Zettel mit der Adresse vergessen – ~~das Ladekabel zu Hause vergessen~~ – gestern lange auf der Party bleiben – ihren Autoschlüssel verlieren

5. Ich kann meinen Laptop nicht benutzen, weil ich das Ladekabel zu Hause vergessen habe.

3 Telefongespräche mit einer Sprachschule

3.1 Was passt zusammen? Verbinden Sie.

1. Ist Frau Schindler heute nicht da?
2. Könnten Sie mir die Durchwahl geben?
3. Ich möchte mit Frau Marx sprechen.
4. Sprachschule Bolte, mein Name ist Sander. Guten Tag.

a Bitte wählen Sie die 879 58 und dann 745.
b Einen Moment, ich verbinde.
c Guten Tag, mein Name ist Rau. Ich möchte …
d Doch, aber sie macht gerade eine Pause. Bitte rufen Sie in 20 Minuten noch einmal an.

3.2 Was sagt Frau Rüders in welcher Situation? Ordnen Sie zu.

Martin Kohl

Könnte ich bitte mit Frau Marx sprechen?

…

a Einen Moment, ich verbinde.
b Frau Marx ist heute leider nicht da.
c Tut mir leid, bei Frau Marx ist besetzt. Bitte probieren Sie es später noch einmal.

Eva Rüders

4 Höfliche Bitten: Könnten Sie …?

4.1 *Könnten Sie …?*, *Könntest du …?* oder *Könntet ihr …?* Schreiben Sie höfliche Bitten.

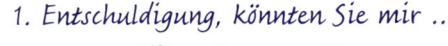
1. Entschuldigung, könnten Sie mir …

mir einen Stift geben | die Flasche holen | mir die Handynummer sagen | ein Taxi rufen

4.2 Hören Sie und sprechen Sie nach.

5 Ein Telefongespräch führen

5.1 Was passt? Ordnen Sie die Sätze zu und ergänzen Sie die Informationen für Ihre Person.

Tut mir leid, um neun Uhr kann ich nicht. Ich arbeite bis … Uhr, kann ich danach kommen? –
Natürlich, ich buchstabiere: … – Ich danke auch. Auf Wiederhören. –
Guten Tag, mein Name ist … Ich möchte einen Deutschkurs machen. –
Ich arbeite am Tag, deshalb möchte ich einen Abendkurs machen. – Ja gern, ich heiße …

👂 Sprachschule Panorama, mein Name ist Mackensen, guten Tag.

👄 _____

👂 Ja, gern. Möchten Sie einen Abendkurs oder einen Intensivkurs machen?

👄 _____

👂 Gut. Könnten Sie am Montag zu einem Einstufungstest kommen? Wir haben von neun bis 18 Uhr geöffnet. Sie können gleich um neun Uhr kommen.

👄 _____

👂 Ja, das geht auch. Sagen Sie mir bitte noch einmal Ihren Namen.

👄 _____

👂 Ich habe Sie leider nicht verstanden. Könnten Sie bitte buchstabieren?

👄 _____

👂 Danke. Das ist alles. Dann bis Montag. Auf Wiederhören.

👄 _____

5.2 Karaoke. Hören Sie und sprechen Sie die 👄-Rolle.

2 Ziele und Wünsche

6 Lernen im Tandem. Was ist richtig? Lesen Sie und kreuzen Sie an.

20 Jahre Sprachschule Hansa

Seit 20 Jahren macht die Sprachschule Hansa Sprachkurse für Deutsch und seit zehn Jahren hat sie ein besonderes Angebot: Sie organisiert Sprachtandems und bringt Deutsche mit Menschen aus der ganzen Welt zusammen. Frau Meister von der Sprachschule Hansa hat uns erklärt, wie die Tandems funktionieren: „Zum Beispiel sprechen eine Deutsche und ein Koreaner zusammen, mal auf Deutsch, mal auf Koreanisch. So können sie mit einem Muttersprachler die Fremdsprache üben und oft auch neue Freunde finden."

Aisha F.

Aisha F., Umwelttechnikerin aus Kiel, macht schon seit drei Jahren bei dem Tandemprogramm mit und hatte schon viele Tandempartner. „Am Anfang geht man oft ins Café und nach dem ersten Termin ist dann meistens schon klar: Den finde ich nett, das passt. Oder man sagt: Danke, das war interessant, aber wir passen nicht so gut zusammen." Im Moment hat Aisha zwei Tandempartner: Mit dem einen spricht sie Spanisch und mit dem anderen lernt sie Kisuaheli. Aisha hat ein Jahr in Kenia gearbeitet. Jetzt arbeitet sie wieder in Deutschland und spricht bei der Arbeit nur Deutsch. Aber Sprachen sind ihr Hobby: „Ich liebe Sprachen, sie sind eine Brücke in eine neue Welt", erzählt sie und deshalb lernt sie immer wieder neue Sprachen.

Jenari M.

Die Tandempartner von der Hansa-Schule können auch in verschiedenen Städten leben. Jenari M. aus Indonesien studiert in Jakarta und lernt Deutsch an der Universität. Seit drei Monaten skypt er mit Maria L., Lehrerin aus Erlangen. Jede Woche gehen sie ins Internet und sprechen eine Stunde Deutsch und eine Stunde Indonesisch. „Ich finde das Tandemprogramm super. So habe ich Kontakt zur Sprache", sagt Jenari. In seiner Heimat sprechen nicht so viele Leute Deutsch.

An diesem Samstag feiert die Sprachschule Hansa ihren 20. Geburtstag und lädt wie jedes Jahr zu einem bunten Programm ein. Auch Aisha F. will kommen: „Das ist immer toll. Es gibt den ganzen Tag Mini-Sprachkurse und am Abend findet eine Tandem-Party statt. Dort kann man zu Musik aus vielen Ländern tanzen und natürlich neue Tandempartner kennenlernen."

1. Die Sprachschule Hansa
   - a ☐ bietet Sprachkurse für Deutsche an.
   - b ☐ möchte bald auch Sprachtandems anbieten.
   - c ☐ hat schon ein Tandemprogramm.

2. Aisha F.
   - a ☐ sucht einen Tandempartner für Kisuaheli.
   - b ☐ macht schon seit mehr als einem Jahr Sprachtandems.
   - c ☐ findet Sprachtandems nicht so interessant.

3. Aisha F. lernt Fremdsprachen,
   - a ☐ weil sie Fremdsprachen für die Arbeit braucht.
   - b ☐ weil sie gern Sprachen lernt.
   - c ☐ weil sie ins Ausland gehen möchte.

4. Jenari M. und Maria L.
   - a ☐ leben beide in Deutschland.
   - b ☐ möchten ein Sprachtandem anfangen.
   - c ☐ skypen einmal pro Woche.

5. Am Samstag kann man in der Sprachschule
   - a ☐ neue Leute kennenlernen.
   - b ☐ einen Tanzkurs machen.
   - c ☐ Aishas Geburtstag feiern.

7 Sprachlernbiografien

7.1 Ergänzen Sie das Formular für Ihre Person.

Tandemprogramm — Sprachschule Hansa

Anmeldeformular

Vorname: .... Familienname: ....

Geburtsdatum: ....

Adresse: ....

Muttersprache: .... Fremdsprachen: ....

Wo haben Sie Deutsch gelernt? ....

Wie lange haben Sie schon Deutsch gelernt? ....

Welche Themen finden Sie interessant? Kreuzen Sie drei Themen an.

○ Studium   ○ Beruf   ○ Essen und Trinken   ○ Sport
○ Reisen   ○ Shoppen ○ Politik   ○ Geschichte

Wann haben Sie Zeit für das Tandemtreffen?

....

7.2 Diktat. Hören und ergänzen Sie. Nutzen Sie die Pausentaste (⏸).

Ich bin Studentin und habe in Portugal _____

_____ . Ich möchte gern ein _____ ,

weil es dort viele Firmen für Umwelttechnik gibt. _____

_____ , aber ich habe viele Wörter vergessen und die Grammatik _____

_____ so gut. Aber ich habe viel allein wiederholt. Ich _____

_____ auf Deutsch.

Jetzt kann ich schon _____ , aber ich möchte auch

_____ , weil ich Deutsch _____ und schreiben möchte.

7.3 Und Sie? Warum lernen Sie Deutsch? Schreiben Sie einen Text.

Ich lerne Deutsch, weil ...

2 Ziele und Wünsche

8 Kurse für alle

8.1 Welcher Kurs passt zu welcher Person? Lesen Sie und ordnen Sie zu. Für eine Person gibt es keinen Kurs. Schreiben Sie dort ☒.

KURSE FÜR ALLE –
Unser Kursangebot im Sommer

1 Fotografieren in den Sommerferien

Kinder von 10–12 Jahren können in diesem Kurs fotografieren lernen. Wir gehen in die Stadt und fotografieren verschiedene Motive.
Treffpunkt: VHS, Fotolabor
5 Termine, 29.7.–2.8.
Montag–Freitag, 11–15 Uhr
128,00 €
Dirk Kundtmann

2 Intensivkurs Italienisch

Italienisch lernen beim Essen: In diesem Wochenendkurs lernen Sie auf Italienisch einkaufen und im Restaurant bestellen. Danach essen wir zusammen.
Augustinergymnasium, Raum 102, Erdgeschoss
Samstag, 11.7. und Sonntag 12.7.: 10–18 Uhr
120,00 € (+20,00 € für Essen)
Martina Rossi

3 Schnellkurs Italienisch für Anfänger

Sie haben noch nicht Italienisch gelernt, können aber Spanisch oder Französisch? Dann sind Sie in diesem Kurs richtig.
Alfred-Brendel-Schule, Bibliothek, Erdgeschoss
10 Termine, 27.7.–29.8.
Montag, Mittwoch, 18:30–21:30 Uhr
120,00 €
Julia Berti

4 PowerPoint für Anfänger 1

Sie haben noch nie mit PowerPoint gearbeitet und Sie möchten es gerne probieren? Kommen Sie zum Anfängerkurs für Erwachsene.
Alfred-Brendel-Schule, Computerraum, 3. Stock
Samstag, 22.8., 14–17 Uhr
18,00 €
Dr. Simone Ruf

5 PowerPoint für Anfänger 2

Sie haben schon mit PowerPoint gearbeitet, aber Sie haben noch viele Fragen? Dann sind Sie in diesem Kurs richtig.
Alfred-Brendel-Schule, Computerraum, 3. Stock
Samstag, 29.8., 14–17 Uhr
18,00 €
Dr. Simone Ruf

6 Tanzabend

Sie haben schon Walzer, Tango, Samba und Foxtrott gelernt und möchten die Tänze nicht wieder vergessen? Jeden Sonntagabend tanzen wir zusammen mit den Tanzlehrern.
Vereinshaus Süd, Ballraum, Erdgeschoss
9 Abende, 5.7.–30.8.
Sonntag, 18–20 Uhr
62,00 €
Sonia Costa und Philipp Leistner

a ☐ Anna Suleyman hat eine neue Stelle und muss viele Präsentationen machen. Sie hat an der Universität schon ein bisschen mit PowerPoint gearbeitet, aber sie hat viel vergessen.
b ☐ Frau Meier möchte am Wochenende abends ein bis zwei Stunden etwas Schönes machen.
c ☐ Herr Stankov hat eine neue Kamera gekauft und möchte fotografieren lernen.
d ☐ Herr und Frau Binder möchten Italienisch lernen, weil sie im September nach Italien fahren. Sie haben am Wochenende oder abends nach acht Uhr Zeit.

8.2 Wiederholung: Datum und Zeitangaben. Lesen Sie noch einmal das Kursangebot in 8.1 und beantworten Sie die Fragen.

1. Von wann bis wann ist der „Schnellkurs Italienisch für Anfänger"?
2. Wann beginnt der „Intensivkurs Italienisch"?
3. Wie lange dauert der Kurs „Fotografieren in den Sommerferien"?
4. Wie oft pro Woche findet der „Schnellkurs Italienisch für Anfänger" statt?
5. Wie viele Wochen gibt es den „Tanzabend"?
6. Wie lange dauert der „Tanzabend" am Sonntag?

1. Der „Schnellkurs Italienisch für Anfänger" ist vom siebenundzwanzigsten Juli (27.7.) bis zum neunundzwanzigsten August (29.8.).

8.3 Ein Kurs an der Volkshochschule. Was ist richtig? Hören Sie und kreuzen Sie an.

1. Herr Rimkus
   a ☐ hat schon einen Fotokurs gemacht.
   b ☐ möchte einen Fotokurs machen.
   c ☐ möchte ein Programm bekommen.

2. Herr Rimkus hat
   a ☐ noch nie fotografiert.
   b ☐ viel mit einem Foto-Buch gelernt.
   c ☐ im Urlaub viel fotografiert.

3. Im Fotokurs
   a ☐ sind immer nur 6–8 Teilnehmer.
   b ☐ sind maximal 12 Teilnehmer.
   c ☐ bekommt man eine Kamera.

4. Herr Rimkus möchte den Kurs
   a ☐ am Samstag machen.
   b ☐ am Sonntag machen.
   c ☐ am Mittwoch machen.

5. Herr Rimkus möchte
   a ☐ nächste Woche anfangen.
   b ☐ lieber einen anderen Kurs machen.
   c ☐ doch keinen Kurs machen, weil es zu teuer ist.

8.4 Und Sie? Welche Kurse haben Sie schon besucht? Welche Kurse würden Sie gern besuchen? Schreiben Sie Sätze in Ihr Heft.

Und in Ihrer Sprache?

Ihre Freundin / Ihr Freund versteht kein Deutsch und möchte einen Sprachkurs (Deutsch für Anfänger) machen. Lesen Sie den Flyer und erklären Sie in Ihrer Muttersprache: Wann kann sie/er einen Kurs machen? Was muss sie/er vor dem Kurs tun? Wo gibt es mehr Informationen?

Sprachschule Global

Sie möchten eine Fremdsprache lernen?

Unsere Kurse sind sehr beliebt. Lernen Sie bei uns mit Muttersprachlern in kleinen Gruppen.

Englisch, Französisch, Spanisch und Deutsch als Fremdsprache:
Die Kurse beginnen jeden ersten Montag im Monat.

Chinesisch, Arabisch u.a.
Kontakt: Frau Berning (-534)

Einstufungstests für alle Kurse:
Montag – Donnerstag, 10 – 16 Uhr.
Unser Sprachkursteam berät Sie gern. (Tel. 2532-200)

mehr Informationen unter
www.sprachschuleglobal.de

2 Alles klar?

1 Über Migrationswünsche sprechen. Schreiben Sie Sätze mit *weil*.

1. Abunya möchte nach Österreich gehen. (Ihr Freund ist Österreicher.)
2. Hüsein hat sein Heimatland verlassen. (In Deutschland sind seine Chancen besser.)
3. Irina besucht oft ihre Eltern in der Heimat. (Die Fahrt mit dem Bus ist nicht so teuer.)
4. Shuo chattet viel. (Er will den Kontakt zu seinen Freunden in der Heimat nicht verlieren.)

1. Abunya möchte ...

Punkte: 4

2 Telefongespräche führen. Welche Antwort passt? Hören Sie und kreuzen Sie an. (1.14)

1. a ☐ Bei Frau Müller ist besetzt.
   b ☐ Danke.

2. a ☐ Guten Tag, ich würde gern mit Herrn Schauerte sprechen.
   b ☐ Könnten Sie mir die Durchwahl geben?

3. a ☐ Ja, bitte.
   b ☐ Einen Moment, bitte, ich verbinde.

4. a ☐ Tut mir leid, Frau Tanner ist heute nicht da.
   b ☐ Das ist nett, vielen Dank.

Punkte: 4

3 Sich über Sprachkurse informieren. Schreiben Sie Fragen zu den Antworten.

1. 💬 _____?
   👍 Natürlich. Wir haben verschiedene Kurse. Wann haben Sie Zeit?

2. 💬 _____?
   👍 Nein, leider gibt es keine Kurse am Nachmittag.

3. 💬 _____?
   👍 Ja, Sie müssen einen Einstufungstest machen.

4. 💬 _____?
   👍 Der Intensivkurs kostet 280 Euro.

Punkte: 4

4 Über Sprachlernbiografien sprechen. Schreiben Sie Antworten in Ihr Heft.

Deutsch für den Beruf brauchen – (der) Sprachkurs an der Volkshochschule – (die) A2-Prüfung – sieben Monate

1. Seit wann lernen Sie Deutsch?
2. Wo haben Sie Deutsch gelernt?
3. Warum lernen Sie Deutsch?
4. Wollen Sie eine Prüfung auf Deutsch machen?

Punkte: 8

Punkte gesamt
17–20: Super!
11–16: In Ordnung.
0–10: Bitte noch einmal wiederholen!

Seite 16–17

akzept**ie**ren

aufmachen

auswandern

chatten

kommuniz**ie**ren

sk**y**pen

s**u**rfen

verl**a**ssen, er/sie verlässt, er/sie hat verlassen

w**ei**l

der Übers**e**tzer, -

die Übers**e**tzerin, -nen

der W**u**nsch, -ü-e

die Br**ü**cke, -n

die Chance, -n

die H**o**ffnung, -en

die Migrati**o**n (Sg.)

die St**e**lle, -n

Seite 18–19

die Fr**e**mdsprache, -n

die Übers**e**tzung, -en

bes**e**tzt (sein)

Bei Frau Li ist besetzt.

dr**ü**cken

verb**i**nden, er/sie hat verbunden

w**ä**hlen

die D**u**rchwahl, -en

die R**e**chnung, -en

die T**a**ste, -n

der Intens**i**vkurs, -e

der **Ei**nstufungstest, -s

das T**a**ndem, -s

k**ö**nnte-

Könnten Sie morgen den Test machen?

der M**u**ttersprachler, -

die M**u**ttersprachlerin, -nen

Seite 20–21

die Pol**i**tik (Sg.)

die V**o**lkshochschule (VHS), -n

diskut**ie**ren

w**e**rden, er/sie wird, er/sie ist geworden

Er möchte Schauspieler werden.

der **A**nfänger, -

die **A**nfängerin, -nen

der T**a**nz, -ä-e

Deutsch aktiv 1|2 / Panorama I

best**e**llen

die H**au**saufgabe, -n

das Schl**o**ss, -ö-er

die B**ü**hne, -n

n**ö**rdlich von

östlich von

s**ü**dlich von

w**e**stlich von

der N**o**rden (Sg.)

der **O**sten (Sg.)

der S**ü**den (Sg.)

der W**e**sten (Sg.)

im Norden/Osten/Süden/Westen von

1|2 Leben in Deutschland

1 Deutschland und Migration in Zahlen

a Was denken Sie: Was ist richtig? Lesen Sie und kreuzen Sie an.

Willkommen in Deutschland

Deutschland & Migration in Zahlen

Wie viele Migranten leben in Deutschland? Aus welchen Ländern kommen sie? Welche Sprachen sprechen sie? Was denken Sie? Machen Sie unseren Test.

1. Deutschland ist bei Migranten sehr beliebt. Auf welchem Platz steht Deutschland weltweit?
   - a ☐ 1. USA, 2. Großbritannien, 3. Deutschland.
   - b ☐ 1. USA, 2. Deutschland, 3. Großbritannien.
   - c ☐ 1. Deutschland, 2. USA, 3. Großbritannien.

2. Wie viele Migranten haben im Jahr 2014 in Deutschland gelebt?
   - a ☐ 11 Millionen.
   - b ☐ 16 Millionen.
   - c ☐ 20 Millionen.

3. Menschen aus wie vielen Ländern leben in Deutschland?
   - a ☐ Aus 20 Ländern.
   - b ☐ Aus 100 Ländern.
   - c ☐ Aus 200 Ländern.

4. Wie viele Menschen weltweit sprechen Deutsch als Muttersprache?
   - a ☐ 105 Millionen Menschen.
   - b ☐ 155 Millionen Menschen.
   - c ☐ 185 Millionen Menschen.

5. Wie viele Menschen weltweit lernen Deutsch als Fremdsprache?
   - a ☐ 5,4 Millionen Menschen.
   - b ☐ 10,4 Millionen Menschen.
   - c ☐ 15,4 Millionen Menschen.

6. Wie viele Menschen lernen Deutsch an den Volkshochschulen in Deutschland?
   - a ☐ 10.000 Kursteilnehmer pro Jahr.
   - b ☐ 12.000 Kursteilnehmer pro Jahr.
   - c ☐ 15.000 Kursteilnehmer pro Jahr.

7. Wie viele Migranten sprechen zu Hause Deutsch, haben aber eine andere Muttersprache?
   - a ☐ 16 Prozent.
   - b ☐ 26 Prozent.
   - c ☐ 36 Prozent.

Lösung: 1b, 2b, 3c, 4a, 5c, 6b, 7c

– 8 –

b Was haben Sie nicht gewusst? Sprechen Sie im Kurs und benutzen Sie die Redemittel.

Erstaunen/Überraschung äußern
Das habe ich nicht gewusst.
Das kann ich nicht glauben.
Das ist aber komisch. Ich habe gedacht, ...
Wirklich? Das ist doch nicht möglich.

c Joanna geht nach Deutschland. Was passt? Ergänzen Sie. Die Redemittel in b helfen.

1. 👎 Maria, ich gehe für ein Jahr nach Deutschland!

   👍 Wirklich? Das kann _____.

2. 👎 Ich lerne auch seit drei Monaten Deutsch.

   👍 Oh, das habe _____.

3. 👎 Ja, und Pablo kommt mit. Er hat einen Job in Leipzig bekommen.

   👍 Wirklich? Das ist _____.

d Was hat Sie in letzter Zeit überrascht? Sprechen Sie im Kurs.

> *Hier in Deutschland sprechen viele Leute sehr gut Englisch. Das habe ich nicht gewusst.*

2 Menschen in Deutschland

a Wählen Sie einen Text. Lesen Sie und machen Sie Notizen.

Migranten
Migranten verlassen ihre Heimat, weil sie zum Beispiel in Deutschland Familie haben, dort Arbeit suchen oder studieren wollen. Menschen aus EU-Ländern dürfen überall in der EU wohnen und arbeiten. Menschen aus anderen Ländern brauchen einen Aufenthaltstitel.

Flüchtlinge
Flüchtlinge verlassen ihre Heimat, weil es für sie dort zu gefährlich ist. Sie haben politische oder religiöse Probleme oder es gibt Krieg. Flüchtlinge dürfen in Deutschland bleiben. Sie bekommen einen Aufenthaltstitel und dürfen nach drei Monaten arbeiten.

Asylbewerber
Menschen aus einem Land mit großen Problemen können in Deutschland Asyl beantragen. Sie müssen warten und dann sagt das Ausländeramt: „Sie bekommen einen Aufenthaltstitel und dürfen bleiben." oder „Sie müssen in Ihr Land zurückgehen.". In den ersten drei Monaten dürfen Asylbewerber nicht arbeiten und wohnen in einem Heim.

	Warum kommen sie nach Deutschland?	Was dürfen sie (nicht) tun?
1. Migranten		
2. Asylbewerber		
3. Flüchtlinge		

b Arbeiten Sie zu dritt und stellen Sie Ihren Text vor. Fragen und antworten Sie. Ergänzen Sie Ihre Tabelle.

> *Warum kommen Migranten nach Deutschland?*   *Sie kommen, weil ...*

1|2 Leben in Deutschland

3 Bei der Beratungsstelle

a Wo ist Herr Benatia? Was möchte er? Hören Sie und sprechen Sie im Kurs.

b Welche Dokumente braucht Tarik Benatia? Welche Dokumente hat er schon? Hören Sie noch einmal und lesen Sie. Markieren Sie in zwei Farben.

rot (_): Das hat Tarik Benatia.   blau (_): Das braucht Tarik Benatia.

👍 Guten Tag, mein Name ist Tarik Benatia.
Ich bin neu in Freiburg und möchte hier arbeiten.
Ich habe auch schon einen Job – in einem
Restaurant. Welche Papiere brauche ich?
💬 Gut. Haben Sie einen Aufenthaltstitel?
👍 Ja, ich lebe seit vier Monaten in Deutschland –
als Flüchtling. Und jetzt darf ich arbeiten.
💬 Haben Sie eine Ausbildung gemacht oder haben
Sie studiert?
👍 Ja, ich habe eine Ausbildung gemacht. Hier
ist mein Zeugnis.
💬 Danke. Sie brauchen eine Übersetzung von Ihrem Zeugnis. Und machen Sie bitte Kopien.
Sie brauchen die Kopien auch später.
👍 Gut, das mache ich.
💬 Sie müssen dann zum Ausländeramt gehen. Dort ändert oder verlängert man den
Aufenthaltstitel. Sie müssen Ihren Pass mitbringen.
👍 Okay. Ist das alles?
💬 Haben Sie schon Ihre Wohnung angemeldet? Sie müssen noch Ihre Wohnung anmelden.
Sie haben für die Anmeldung nur eine Woche Zeit.
👍 Oh, das ist nicht viel.
💬 Das stimmt. Machen Sie auch einen Sprachkurs?
👍 Ja, ich habe am Montag eine Prüfung gemacht – A2. Und jetzt mache ich noch den B1-Kurs.
💬 Sehr schön. Dann viel Erfolg!
👍 Vielen Dank und auf Wiedersehen.
💬 Auf Wiedersehen.

c Checkliste. Was hat Herr Benatia schon gemacht? Lesen Sie noch einmal und markieren Sie.
Sprechen Sie im Kurs.

- eine Stelle finden ✓
- die Übersetzung vom Zeugnis besorgen
- die Übersetzung vom Zeugnis kopieren
- den Aufenthaltstitel verlängern
- die Wohnung anmelden
- die Sprachprüfung machen

*Herr Benatia hat schon
eine Stelle gefunden.
Er muss aber noch ...*

4 Der Meldeschein

a Was ist das Problem? Hören Sie und sprechen Sie im Kurs.

b Was hat Tarik Benatia falsch ausgefüllt? Hören Sie noch einmal und korrigieren Sie.

ANMELDUNG bei der Meldebehörde		
1. Einzugstag	Tag Monat Jahr 04 | 02 | 2016	
2. Neue Wohnung (Straße, Hausnummer, Stockwerk, Postleitzahl, Ort) Haubachstr. 67, 70173 Stuttgart	**Bisherige Wohnung** (Straße, Hausnummer, Stockwerk, Postleitzahl, Ort) Hauptstraße 6, 2. Stock, 79113 Freiburg	
☐ einzige Wohnung ☒ Nebenwohnung		
3. Name, Vorname Benatia, Tarik	**4. Geburtsdatum** Tag Monat Jahr 12 | 05 | 1991	

c Welche Informationen gibt es auf dem Meldeschein in 4b? Schreiben Sie Fragen zu den Nummern 1 bis 4.

1. Seit wann wohnen Sie in der Wohnung?

d Arbeiten Sie zu zweit. Spielen Sie das Gespräch bei der Meldebehörde und füllen Sie zusammen einen neuen Meldeschein aus.

Lernwortschatz

Seite 24–25

der Migrant, -en

die Migrantin, -nen

die Muttersprache, -n

der Aufenthaltstitel, -

der Flüchtling, -e

der Asylbewerber, -

die Asylbewerberin, -nen

das Asyl (Sg.)

beantragen

Seite 26–27

die Ausbildung (Sg.)

das Zeugnis, -se

das Ausländeramt, -ä-er

verlängern

die Anmeldung, -en

anmelden

besorgen

Erstaunen/Überraschung äußern
Das habe ich nicht gewusst.
Das kann ich nicht glauben.
Das ist aber komisch. Ich habe gedacht, …
Wirklich? Das ist doch nicht möglich.

3 Hoch, höher, am höchsten

1 Das ist aber cool!

1.1 Wie heißen die Hobbys? Schreiben Sie.

1. _____

3. _____

5. _____

2. _____

4. _____

6. _____

1.2 Wiederholung: Hobbys. Markieren Sie die Hobbys in der Wortkette.

SCHWIMMENZWEIWANDERNMANCHMALLAUFENSUPERSEGELNMORGENTELEFONIERENABERSHOPPENKASELESENPOATAUCHENODERAUSGEHENWAS

1.3 Wiederholung: Hobbys. Welche Verben fehlen? Ergänzen Sie.

1. Schlittschuh _____
2. Comics _____
3. Freunde _____
4. Filme _____
5. Volleyball _____
6. Ski _____
7. Tango _____
8. Sport _____
9. ins Theater _____

1.4 Karaoke. Hören Sie und sprechen Sie die 👄-Rolle.

👂 ...
👄 Volleyball? Das ist nichts für mich.
👂 ...
👄 Das finde ich gefährlich.
👂 ...
👄 Kopf-Tischtennis? So ein Quatsch!
👂 ...
👄 Oh ja! Das will ich auch einmal ausprobieren!

2 Susi sagt, dass … Nebensätze mit *dass*

2.1 Was denken die Personen über die Hobbys? Lesen Sie und schreiben Sie *dass*-Sätze.

Chris75	Sport ist sehr anstrengend. Aber Fußballspiele im Stadion sind super.
Maria	Klettern ist sehr gefährlich. Klettern macht aber total viel Spaß.
PeterPan	Angeln ist wirklich langweilig. Man muss sehr lange warten.
Claudi23	Tangotanzen möchte ich ausprobieren. Das ist sehr elegant.
Lars	Früher habe ich oft Gitarre gespielt. Heute habe ich leider keine Zeit mehr.
Eda	Chatten finde ich blöd. Skypen ist viel besser.

			Satzende (Verb)
1. Chris findet,	dass	Sport sehr anstrengend	ist.
2. Er sagt,	dass	Fußballspiele im Stadion super	sind.
3. Maria denkt,	dass	…	
4.			
5.			
6.			
7.			
8.			
9.			
10.			
11.			
12.			

2.2 Sind die Adjektive positiv, negativ oder beides? Schreiben Sie eine Tabelle in Ihr Heft.

~~komisch~~ – interessant – cool – gefährlich – langweilig – blöd – verrückt – anstrengend – spannend

☺	☹	☺/☹
		komisch

2.3 Und Sie? Wie finden Sie diese Hobbys? Wählen Sie fünf Hobbys und schreiben Sie zu jedem Hobby einen Kommentar mit den Adjektiven aus 2.2.

Kochen – Angeln – Briefmarkensammeln – Ausgehen – Sport – Tauchen – Wandern – Shoppen – Fahrradfahren

Ich finde, dass Kochen … ist.

3
Hoch, höher, am höchsten

3 Rudi und Susi machen eine Reportage über Hobbys

3.1 Rudi und Susi treffen Tina und Herrn Meyer. Lesen Sie die Interviews und schreiben Sie dann die Berichte für Susi und Rudi.

Hallo, Tina! Was ist dein Hobby?

Ich spiele schon seit vier Jahren Gitarre. Gitarrespielen macht viel Spaß. Man kann alleine oder in einer Gruppe spielen. Ich habe einmal pro Woche Unterricht. In der Freizeit spiele ich zusammen mit Freunden. Manchmal geben wir auch Konzerte. Letzte Woche haben wir bei einer Schulfeier gespielt. Vielleicht werden wir später berühmt!

Guten Tag, Herr Meyer! Und was machen Sie gern?

Ich koche sehr gern, am liebsten mit Freunden. Wir haben schon viele Sachen ausprobiert. Wir kochen immer bei einem Freund zu Hause. Das macht Spaß! Meistens kochen wir einmal pro Woche. Zuerst kochen wir und dann essen wir zusammen. Nach dem Essen bleiben wir noch zusammen, reden und trinken ein Glas Wein oder Bier. Das ist gemütlich!

Tina hat erzählt, dass sie seit vier Jahren Gitarre spielt. Sie hat gesagt, dass ...

Herr Meyer hat gesagt, dass er sehr gern ...

3.2 Fragen über Hobbys. Schreiben Sie Fragen zu den Antworten.

1. 💬 _____ ?
   👍 Mein Hobby ist Tischtennisspielen.

2. 💬 _____ ?
   👍 Ich spiele zwei- bis dreimal pro Woche.

3. 💬 _____ ?
   👍 Ich spiele im Verein und manchmal bei uns im Garten.

4. 💬 _____ ?
   👍 Ich spiele immer zusammen mit meinem Freund Can.

5. 💬 _____ ?
   👍 Mir gefällt Tischtennisspielen gut, weil es sehr schnell ist.

6. 💬 _____ ?
   👍 Es ist nicht so gut, dass ich den Sport nicht alleine machen kann.

4 Welche Hobbys haben Sie?

4.1 Bao und sein Hobby. Lesen Sie den Steckbrief und schreiben Sie einen Text über Bao.

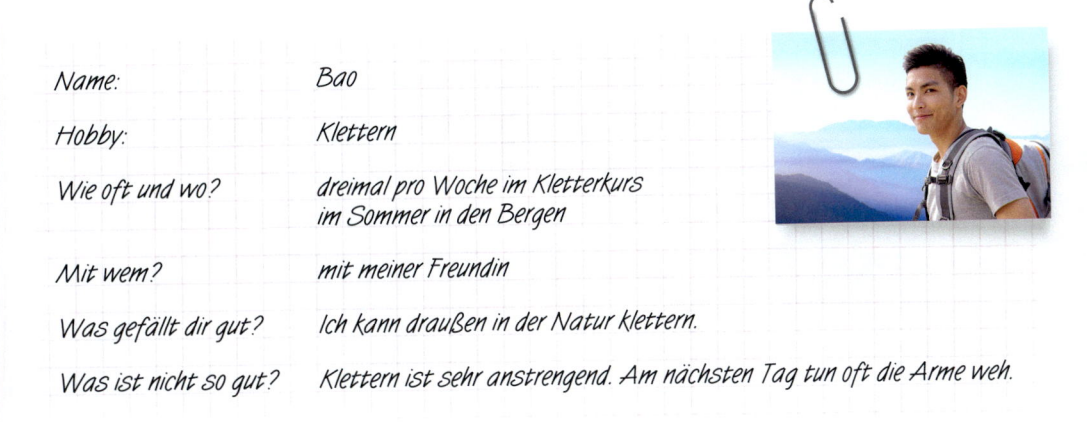

Name: Bao
Hobby: Klettern
Wie oft und wo? dreimal pro Woche im Kletterkurs
im Sommer in den Bergen
Mit wem? mit meiner Freundin
Was gefällt dir gut? Ich kann draußen in der Natur klettern.
Was ist nicht so gut? Klettern ist sehr anstrengend. Am nächsten Tag tun oft die Arme weh.

Das ist Bao. Sein Hobby …

4.2 Und Sie? Schreiben Sie einen kurzen Text über Ihr Hobby in Ihr Heft.

4.3 Was macht Barbara wann? Hören Sie und ordnen Sie zu. Zwei Fotos passen nicht.

Montag	Dienstag	Mittwoch	Donnerstag	Freitag	Samstag

4.4 Schreiben Sie Sätze über Barbaras Woche.

Am Montag …

5 Wer ist am schnellsten? Eine Radio-Reportage. Was ist falsch? Hören Sie und streichen Sie durch.

1. Beim Becherstapeln muss man *sechs/zwölf* Becher stapeln.
2. Tina trainiert *in den Ferien / zweimal pro Woche* in der Schule.
3. Tinas Team war *oft/heute* am schnellsten.
4. Ralf ist fast *65/70* Jahre alt.
5. Ralf trifft beim Becherstapeln *nette Leute / seine Enkel*.

3 Hoch, höher, am höchsten

6 Wien ist am schönsten. Komparativ und Superlativ.

6.1 Komparativ oder Superlativ? Ergänzen Sie die Lücken.

1. 💬 Unser Urlaub war sehr schön. Zuerst waren wir in München, dann in Salzburg und Wien. Ich finde, dass München _____ (interessant) als Salzburg ist. Salzburg ist aber _____ (schön) als München. Wien war _____ (schön). Und was denkst du?

   👍 Ja, ich finde auch, dass Salzburg _____ (langweilig) als Wien ist. Ich denke, dass München _____ (interessant) ist.

2. 💬 Mensch Jasmin, du bist aber groß geworden! Wie alt bist du denn jetzt? Und deine Brüder, wie alt sind die?

   👍 Ich bin schon 11 Jahre alt und 1,55 m groß. Mein Bruder Kian ist zwei Jahre _____ (alt) und 15 cm _____ (groß). Und mein Bruder Darian ist 17 Jahre alt und 1,80 m groß. Er ist _____ (alt) und _____ (groß).

3. 💬 Ich wandere jeden Sommer in den Alpen. Die Berge sind dort sehr hoch. Auf welchen Berg soll ich in diesem Sommer klettern? Der Großglockner in Österreich ist _____ (hoch) als die Zugspitze. Aber auf dem Großglockner war ich schon einmal vor zwei Jahren. Was meinst du?

   👍 Dann klettere doch auf die Dufourspitze. Die ist in der Schweiz _____ (hoch).

Zugspitze (D) 2962 m

Großglockner (A) 3798 m

Dufourspitze (CH) 4634 m

1.20 **6.2** Diktat. Hören und ergänzen Sie. Nutzen Sie die Pausentaste (⏸).

💬 In meiner Freizeit _____ und spiele gern Computerspiele.

Aber _____. Kannst du auch Fußball spielen?

👍 Na ja, _____, aber ich _____ Volleyball spielen und _____ kann ich klettern.

👍 Ich klettere auch. _____ und oft.

Aber _____ Kochen. Am liebsten koche ich Nudeln.

Die _____.

6.3 *Lieber* oder *besser*? *Am liebsten* oder *am besten*? Was passt nicht? Streichen Sie durch.

1. Tom kann gut tauchen, aber er kann noch *besser/lieber* segeln.
2. Volleyballspielen gefällt Peter gut, aber Fußballspielen gefällt ihm noch *besser/lieber*.
3. Seline liest sehr gern. Sie liest *besser/lieber* Zeitung als Bücher.
4. Fiona wandert gern, aber *am besten / am liebsten* fährt sie mit dem Fahrrad.
5. Rudi mag sehr gern Süßigkeiten. Er mag Schokolade noch *besser/lieber* als Kuchen.
6. Ahmed spielt sehr gut Fußball und Volleyball, aber *am besten / am liebsten* spielt er Tennis.
7. Tanzen gefällt mir sehr gut. Und *am liebsten / am besten* gefällt mir Tangotanzen.
8. Susi kann sehr gut Schlittschuh laufen. Sie kann *besser/lieber* Schlittschuh laufen als Ski fahren.

6.4 Vergleichen Sie. *Höher als*, *genauso hoch wie* oder *am höchsten*? Schreiben Sie Sätze.

1. Wer springt höher?   3. Wer wandert weiter?   5. Wer schläft länger?

2. Was ist günstiger?   4. Was fährt schneller?

1. Tobias springt genauso hoch wie Niklas.
Niklas und Tobias springen höher als Klara.
Niklas und Tobias ...

dreiunddreißig 33

3 Hoch, höher, am höchsten

7 Wer kann …?

7.1 Wiederholung: *können*. Ergänzen Sie.

1. 💬 Mama, *können wir schwimmen gehen*? *(schwimmen gehen können)*
   👍 Okay, *wir …* _____. *(am Wochenende schwimmen gehen können)*

2. 💬 Gehst du heute auch zum Kletterkurs?
   👍 _____. *(heute leider nicht klettern können)*
   Mein Rücken tut weh.

3. 💬 Kommt ihr morgen mit ins Kino?
   👍 _____. *(leider nicht mitkommen können)*
   Wir müssen arbeiten.

7.2 Was können die Kinder (nicht)? Schreiben Sie Sätze.

noch nicht allein Fahrrad fahren – ~~gut tauchen~~ – schon ein bisschen Geige spielen – sehr lange die Luft anhalten

[1] Ariane, 8 Jahre [2] Florian, 5 Jahre [3] Yi-Weng, 6 Jahre

1. Ariane kann gut tauchen. Sie …

7.3 Und was können Sie am besten? Schreiben Sie drei Sätze. Benutzen Sie den Superlativ.

gut: auf Deutsch lesen/schreiben/hören –
schön: singen/tanzen/malen –
viel: essen/trinken/schlafen

Ich kann am besten …

8 Poetry-Slam – Mit Wörtern spielen

8.1 Was passt? Ergänzen Sie.

Sieger – schlagen – Wettbewerb – Teilnehmer – hat stattgefunden – kämpft – Gedichte

Bei einem _____ gewinnt immer eine Person. Das ist der _____.
Alle Personen von einem Wettbewerb sind die _____. Bei einem Poetry-Slam
hört man viele _____. Der erste Poetry-Slam _____ in den
USA _____. Beim Poetry-Slam _____ man mit Wörtern. „Slam"
ist Englisch und heißt so etwas wie _____.

8.2 Ein Veranstaltungstipp. Hören Sie und schreiben Sie die Antworten.

1. Wo findet der Slam-Wettbewerb statt? _____
2. Wann findet der Slam-Wettbewerb statt? _____
3. Um wie viel Uhr fängt der Wettbewerb an? _____
4. Wie viel kosten die Eintrittskarten? _____

9 Nach dem Poetry Slam. Was ist richtig? Lesen Sie und kreuzen Sie an.

Poetry Slam in Altmarkten

geschrieben von: Freizeitdichter
Kommentare: 16

Am Samstag hat in der Stadthalle ein Poetry-Slam-Wettbewerb stattgefunden. Alle Karten waren schon seit zwei Wochen weg und die Stadthalle war sehr voll. Die Teilnehmer haben ihre Gedichte präsentiert und das Publikum hat viel gelacht, weil viele
5 Gedichte sehr lustig waren. Aber nicht alle Texte waren gut. Einige Gedichte waren auch furchtbar, zum Beispiel das Gedicht über die Luftgitarre. Manchmal war die Show klasse, aber das Gedicht nicht so gut oder der Text war super, aber die Show schlecht. Lisa Meisner, Slammerin aus Stuttgart, war wieder
10 super. Sie ist in Deutschland sehr bekannt und hat schon viele Wettbewerbe gewonnen. Am Ende war Feras Atah aus Duisburg der Sieger. Das Publikum hat ihn gewählt, weil seine Gedichte und seine Show am besten waren.

	richtig	falsch
1. Am Freitag hat es noch Karten gegeben.	☐	☐
2. Die Laune vom Publikum war gut.	☐	☐
3. Alle Gedichte waren sehr gut.	☐	☐
4. Lisa Meisner hat den Wettbewerb gewonnen.	☐	☐

Und in Ihrer Sprache?

1 Sie sind mit einer Freundin / einem Freund auf einer Party. Sie/Er versteht kein Deutsch. Ihr Freund Marc erzählt von seinem Hobby. Hören Sie und machen Sie Notizen.

Was? – Wann? – Wo? – Mit wem? – ☺ – ☹

2 Berichten Sie Ihrer Freundin / Ihrem Freund in Ihrer Muttersprache.

3 Alles klar?

1 Hobbys beschreiben. Was sagt oder findet Linus? Schreiben Sie vier Sätze.

Ich wandere und klettere gern.

Tischtennisspielen macht Spaß.

Briefmarkensammeln ist sehr langweilig.

Ich lese gern Märchen vor.

Punkte 4

1. Linus sagt, dass …
2. Linus findet, dass …
3. _____
4. _____

2 Hobbys bewerten. Ergänzen Sie.

Ich spiele manchmal Kopf-Tischtennis.

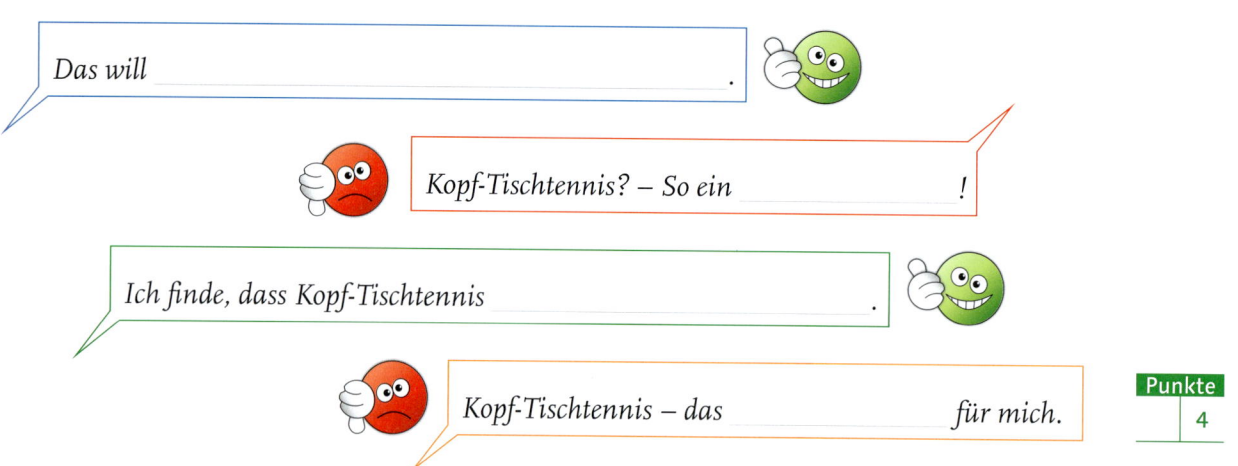

Das will _____ .

Kopf-Tischtennis? – So ein _____ !

Ich finde, dass Kopf-Tischtennis _____ .

Kopf-Tischtennis – das _____ für mich.

Punkte 4

3 Etwas vergleichen. Schreiben Sie jeweils drei Sätze zu 1 bis 4 in Ihr Heft.

1. *groß sein:* Sabine: 1,65 m – Peter: 1,80 m – Adile: 1,65 m – Oliver 1,85 m
2. *gern wandern:* Lina ☺☺☺ – Max ☺ – Hong ☺☺ – Oliver ☺☺
3. *weit springen:* Tina 3,65 m – Pavel 5,80 m – Merle 5,80 m – Roman 6,90 m
4. *viel lesen:* Mahmut 📕 📕 – Sara 📕 📕 📕 – Waltraud 📕 – Rudi 📕 📕

Punkte 12

Punkte gesamt
17–20: Super!
11–16: In Ordnung.
0–10: Bitte noch einmal wiederholen!

Seite 26 – 27

schneiden, er/sie schneidet, er/sie hat geschnitten

springen, er/sie ist gesprungen

vorlesen, er/sie liest vor, er/sie hat vorgelesen

das Haustier, -e
das Tischtennis (Sg.)
das Märchen, -
der Enkel, -
die Enkelin, -nen
die Gitarre, -n

ausprobieren

intelligent

der Onkel, -

So ein Quatsch!

der Wettbewerb, -e

dass

klettern

anstrengend

blöd

spannend

nervös

der Spieler, -
die Spielerin, -nen

Seite 28–29

dabei sein

Ein Wettbewerb? Wir sind dabei!

denn

Sport ist gesund, denn Sport macht fit.

stapeln

genauso

Er ist genauso groß wie sie.

merken

nächst-

vor allem

üben

das Fernsehen (Sg.)
das Mal, -e

das nächste Mal

der Erwachsene, -n
die Erwachsene, -n
der Spaß (Sg.)
die Sekunde, -n

gewinnen, er/sie hat gewonnen

malen

Seite 30 – 31

auswendig

Sie lernt ein Gedicht auswendig.

eigen-

kämpfen

schlagen, er/sie schlägt, er/sie hat geschlagen

das Gedicht, -e
das Publikum (Sg.)
das Wort, -ö-er
der Inhalt, -e
der Sieger, -
die Siegerin, -nen
die Halle, -n
die Liste, -n
die Show, -s

furchtbar

siebenunddreißig

4 Ein toller Fernsehabend

1 Was kommt heute im Fernsehen?

1.1 Beantworten Sie die Fragen. Benutzen Sie die informelle Uhrzeit.

Wann und wo kommt ...
1. die „Lindenstraße"?
2. „Wer wird Millionär?"?
3. „Herr der Ringe"?
4. das „heute-journal"?
5. „007"?

Was kommt heute ...
6. im Ersten um Viertel nach acht?
7. auf ProSieben um zwanzig vor sieben?
8. im Zweiten um zehn nach fünf?

1. Die „Lindenstraße" kommt um zehn vor sieben im Ersten.

1.2 Hören Sie die Fragen 1–5 und antworten Sie.

Die „Lindenstraße" kommt ...

2 Was für ein ...?

2.1 Fernsehsendungen. Was ist das? Schreiben Sie die Wörter mit Artikel.

1.
die Serie

2.

3.

4.

5.

6.

7.

8.

2.2 Was für eine Sendung sehen wir? Ergänzen Sie *was für ein …*, *was für …* oder den indefiniten Artikel.

👎 Schau mal, hier um 20:15 Uhr kommt „Faszination Berge".

👍 *Was für eine* Sendung ist das? *Ein* Film oder *eine* Dokumentation?

👎 Das ist _____ Dokumentation über die Alpen. Das ist vielleicht interessant.

👍 Och, nee. Ich würde lieber _____ Film sehen.

👎 Und _____ Film würdest du gern sehen?

👍 Am liebsten würde ich _____ Actionfilm sehen – James Bond zum Beispiel.

👎 Naja, ich mag keine Actionfilme.

👍 Und _____ Sendungen magst du?

👎 Ich sehe gern Serien oder _____ Quiz.

👍 _____ Quiz würdest du gern sehen?

👎 Heute läuft „Wer wird Millionär?", das Quiz mag ich sehr.

👍 Gut, dann sehen wir das. Quiz-Sendungen mag ich auch.

3 Was sehen die Leute gern? Lesen Sie und ergänzen Sie die Namen.

TV-Fan	Hey Leute, ich liebe Fernsehen! Und ihr, seht ihr auch so viel fern und warum?
TV-Muffel	Ich finde Fernsehen blöd. Dokumentationen, Serien, Quiz-Sendungen – das ist doch langweilig. Ich sehe lieber Videos auf YouTube, die sind interessanter und ich kann auch noch chatten. Aber am Samstagabend sehen meine Freundin und ich auch gern einmal einen Krimi.
Mona F.	Ich gehe lieber mit meinen Freunden ins Kino. Da trifft man auch noch andere Leute. Manchmal sehe ich auch einen Film auf DVD, aber nicht so oft. Ich sehe selten fern, aber ich sehe jeden Samstag die Sportschau, weil ich Fußball klasse finde.
Olli	Ich finde Sport besser als Fernsehen. Aber Quiz-Sendungen sehe ich gern, das sind meine Lieblingssendungen.
Krimi-Fan	Ich sehe am liebsten Krimis. Die gibt es fast täglich. Manchmal sehe ich viele Stunden fern, weil es immer noch einen Krimi gibt. Nur am Samstag sehe ich lieber einen guten Actionfilm oder eine Dokumentation.

1. _____ sieht am liebsten Quiz-Sendungen.
2. _____ sieht samstags manchmal Krimis.
3. _____ sieht manchmal Dokumentationen.
4. _____ sieht gern Sportsendungen.

4 Ein toller Fernsehabend

4 Was sehen wir heute?

4.1 Wiederholung: Adjektive. Wie heißt das Gegenteil? Schreiben Sie.

→
1. richtig
2. teuer
3. gut
4. groß
5. kurz

↓
6. laut
7. alt
8. krank
9. langsam
10. früh

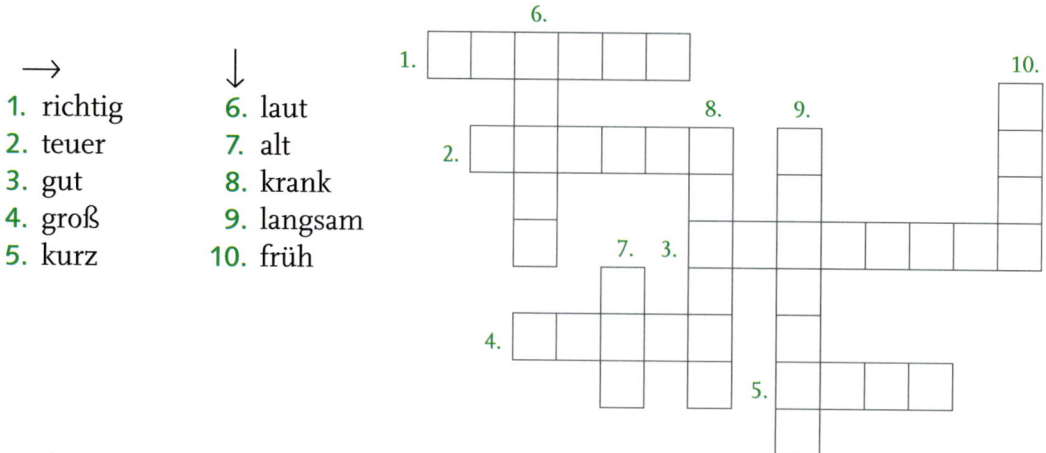

4.2 Finden Sie…? Hören Sie und antworten Sie wie im Beispiel mit *Nein*, …

1. Finden Sie Actionfilme spannend? *(nicht spannend)*
2. Finden Sie Basketball im Fernsehen interessant? *(uninteressant)*
3. Finden Sie Justin Bieber sympathisch? *(unsympathisch)*
4. Finden Sie Lady Gaga hübsch? *(nicht hübsch)*
5. Finden Sie Chips gesund? *(ungesund)*
6. Finden Sie Krimis für Kinder gefährlich? *(ungefährlich)*
7. Finden Sie Dokumentationen langweilig? *(nicht langweilig)*

> Nein, ich finde Action-filme nicht spannend.

4.3 Schließen Sie das Buch. Hören Sie noch einmal und antworten Sie.

4.4 Sehen Sie gern fern? Ergänzen Sie mit Ihren Informationen.

👂 …

👄 Ja, ich sehe sehr gern fern. / Nein, ich sehe nicht so gern fern.

👂 …

👄 Ich sehe gern _____.

👂 …

👄 Ja, meine Lieblingssendung heißt _____.

👂 …

👄 _____ gefallen mir auch sehr gut.

👂 …

👄 Ich finde _____ uninteressant.

👂 …

👄 Bei uns gibt es auch _____ im Fernsehen.

4.5 Karaoke. Hören Sie und sprechen Sie die 👄-Rolle.

4

5 Der ESC

5.1 Der Eurovision Song Contest. Welches Verb passt? Ergänzen Sie.

hat gewählt – haben erlebt – hat stattgefunden – hat gewonnen – sind aufgetreten – hat moderiert

1. Der ESC _____ 2015 zum 60. Mal _____.
2. Sänger aus ganz Europa _____ in der Show mit ihren Liedern _____.
3. Das Publikum _____ den Sieger _____.
4. 2010 _____ Lena aus Deutschland den ESC _____.
5. Stefan Raab _____ mit Anke Engelke und Judith Rakers den ESC 2011 _____.
6. Die Besucher _____ in Wien eine tolle Show _____.

5.2 Wie heißen die Verben? Schreiben Sie die Infinitive zu den Perfektformen in 5.1.

1. hat stattgefunden – *stattfinden*
2. sind aufgetreten – _____
3. hat gewählt – _____
4. hat gewonnen – _____
5. hat moderiert – _____
6. haben erlebt – _____

5.3 Lesen Sie den Steckbrief. Hören und ergänzen Sie.

Name: Conchita Wurst
Kleidung: lange _____, hohe _____
Aussehen: braune _____, lange braune _____, ein dunkler Bart
Hobbys: _____, _____, Interviews geben
ESC gewonnen: im Jahr _____

Conchita Wurst bei einem Konzert in Kielce, Polen am 27.6.2015

5.4 Diktat. Hören Sie und ergänzen Sie. Nutzen Sie die Pausentaste.

Anke Engelke ist eine deutsche Moderatorin, _____, _____ und Komikerin. Sie kommt aus Kanada, aber sie lebt in Köln. Anke Engelke ist _____, _____. Von _____ war sie mit ihrer Sendung „Ladykracher" auf SAT.1 _____. Seit 2007 _____ die Stimme von Marge Simpson aus der Serie „Die Simpsons" auf Deutsch. Mit Stefan Raab und Judith Rakers _____ den ESC _____. Anke Engelke war zweimal _____ und hat _____.

Anke Engelke beim ESC 2013 in Hannover

4 Ein toller Fernsehabend

6 Adjektive nach indefinitem und negativem Artikel

6.1 Viele Fragen. Welche Antwort passt? Ordnen Sie zu.

1. [e] Wie findest du das Fußballspiel?
2. [ ] Siehst du manchmal Nachrichten?
3. [ ] Gehst du gern ins Kino?
4. [ ] *Saber y ganar* – ist das ein Quiz?
5. [ ] Was für eine Sendung ist das?
6. [ ] Was für ein Künstler ist er?
7. [ ] Was für eine Sendung willst du sehen?
8. [ ] Was für Sendungen gefallen deiner Familie?

a Er ist ein deutscher Moderator und Musiker.
b Das ist eine sehr interessante Dokumentation.
c Ja, das ist ein tolles Quiz auf Spanisch.
d Ich würde gern eine lustige Serie sehen.
e Super. Ich sehe gern ein spannendes Spiel.
f Ja, ich sehe deutsche Nachrichten im Fernsehen.
g Meinem kleinen Bruder gefallen Animationsfilme und meiner großen Schwester gefallen Serien.
h Ja, mit meinen deutschen Freunden gehe ich oft ins Kino.

6.2 Unterstreichen Sie alle Adjektive in 6.1 und ergänzen Sie die Tabelle.

	Nominativ	Akkusativ	Dativ
m	ein _____ Moderator	einen guten Sänger	meinem _____ Bruder
n	ein _____ Quiz	ein _____ Spiel	einem spannenden Spiel
f	eine _____ Dokumentation	eine _____ Serie	meiner _____ Schwester
Pl.	– neue Freunde	– _____ Nachrichten	– deutschen Freunden
	meine neuen Freunde	keine deutschen Nachrichten	meinen _____ Freunden

6.3 Was passt? Ergänzen Sie die Adjektive in der richtigen Form.

Nominativ

1. Lena Meyer Landrut ist eine _____ *(gut)* Sängerin.
2. Stefan Raab war ein _____ *(erfolgreich)* Moderator.
3. 2014 hat ein _____ *(deutschsprachig)* Land den ESC gewonnen.
4. Jedes Jahr treten _____ *(international)* Kandidaten beim ESC auf.

Akkusativ

5. Lena hat ein _____ *(toll)* Lied gesungen.
6. Das Publikum hat eine _____ *(wunderbar)* Show erlebt.
7. Die Moderatoren haben einen _____ *(wichtig)* Preis bekommen.
8. Jedes Jahr gibt es _____ *(neu)* Lieder.

Dativ

9. Mit seinen _____ (verrückt) Ideen war Stefan Raab sehr erfolgreich.
10. Der ESC sucht jedes Jahr Sänger und Sängerinnen mit einem _____ (schön) Lied.
11. Bei ihrer _____ (erst-) Show war sie sehr nervös.
12. Schweden hat 2015 mit einem _____ (jung) Sänger den ESC gewonnen.

6.4 Lesen Sie die Anzeigen und ergänzen Sie die Adjektivendungen.

a Für unsere Sendung *Das Supertalent* suchen wir junge¹ Leute. Können Sie Luftgitarre spielen oder Becherstapeln oder haben Sie ein ander____² verrückt____³ Hobby? Schicken Sie uns Ihr cool____⁴ Video mit Ihrer verrückt____⁵ Idee. Vielleicht sind Sie unser neu____⁶ Teilnehmer bei *Das Supertalent*.

b Unsere cool____¹ Musikgruppe sucht eine neu____² Sängerin. Du hast eine gut____³ Stimme und kannst auch Gitarre spielen? Perfekt! Ruf uns an: 0157 …

c Für unsere erfolgreich____¹ Fernsehserie suchen wir eine jung____² Schauspielerin. Hast du schon in einer deutsch____³ Sendung gespielt? Dann komm zu unserem Termin und stell dich vor. Du musst ein kurz____⁴ Gedicht vorsprechen.

d *Germany's next Topmodel* sucht dich: Ein hübsch____¹, sympathisch____² Mädchen. Interessiert? Dann schick uns ein cool____³ Foto mit einem spannend____⁴ Text über dich.

e Wir suchen sympathisch____¹ und nett____² Jungen und Mädchen (10–18 Jahre) für unsere neu____³ Sendung: *Dein Lied im Fernsehen*. Bist du ein gut____⁴ Sänger oder eine toll____⁵ Sängerin? Dann schick uns ein kurz____⁶ Video mit deinem wunderbar____⁷ Lied.

f Unsere neu____¹ Theatergruppe sucht jung____² Schaupieler. Hast du eine laut____³ Stimme? Bist du schon einmal auf einer klein____⁴ oder groß____⁵ Bühne aufgetreten? Dann komm doch zu unserem erst____⁶ Treffen. (info@theatergruppe.de)

6.5 Lesen Sie die Sätze 1 bis 5 und noch einmal die Anzeigen in 6.4. Welche Anzeige passt zu wem? Ordnen Sie zu. Für eine Person gibt es keine Anzeige. Schreiben Sie dort x.

1. *b* Corinna singt gern und möchte mit anderen Leuten zusammen Musik machen.
2. ___ Ivan (15 Jahre alt) singt und schreibt Lieder. Er möchte berühmt werden.
3. ___ Anna ist Schauspielerin. Sie möchte in einem Film spielen.
4. ___ Charlie kennt die Texte von mehr als 200 Liedern auswendig. Aber er kann nicht gut singen.
5. ___ Luisa hat schon in einem Film mitgespielt. Nun sucht sie etwas Neues.
6. ___ Marc spielt gern Theater und ist auch schon aufgetreten.

4 Ein toller Fernsehabend

7 Eine bekannte Person aus Deutschland

7.1 Lesen Sie den Zeitungsartikel und machen Sie Notizen.

Neue Woche

Prominente aus dem Fernsehen kurz vorgestellt

Judith Rakers

Die Nachrichtenmoderatorin Judith Rakers kennen wir alle. Mit ihrer sympathischen Stimme und ihren langen blonden Haaren moderiert sie seit 2005 die *Tagesschau*. Aber was wissen wir noch über Judith Rakers? Sie hat schon als Studentin bei Zeitungen und beim Radio gearbeitet. Heute ist sie sehr erfolgreich und hat viele Sendungen. Sie moderiert zusammen mit Giovanni di Lorenzo die Talkshow *3 nach 9*. 2011 hat sie mit Stefan Raab und Anke Engelke den *ESC* in Düsseldorf moderiert. Für ihre lustige und wunderbare Show haben sie zusammen den *Deutschen Fernsehpreis* gewonnen. Und was weiß man noch über Judith Rakers? Sie ist verheiratet und mag Karaoke. Ihr Mann kocht sehr gern und sie isst gern, das passt gut zusammen. Auch in dieser Woche können Sie Judith Rakers wieder fast jeden Tag in der *Tagesschau* sehen und hören.

• Wer? • Beruf/Karriere? • Sendungen? • Familie? • Hobbys?

7.2 Schreiben Sie einen Text über Judith Rakers. Benutzen Sie Ihre Notizen aus 7.1.

Judith Rakers ist eine erfolgreiche Nachrichtenmoderatorin. Sie ...

8 Fernsehen heute: Wie, wann und wie oft?

8.1 Wiederholung: Komparativ und Superlativ. Vergleichen Sie die Länder und schreiben Sie Sätze mit den Adjektiven. Benutzen Sie den Komparativ und Superlativ.

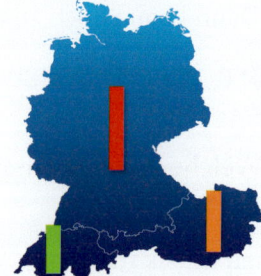

Fernsehdauer in D-A-CH pro Tag 2014.

Schweiz: 128 Minuten
Deutschland: 221 Minuten
Österreich: 162 Minuten

In der Schweiz sieht man weniger fern als ... _____ (wenig)

In Deutschland ... _____ (viel)

In Österreich ... _____ (lange)

8.2 Fernsehen heute. Was sehen Jonas (J), Leonie (L) und Ina (I)? Hören Sie und ordnen Sie zu.

8.3 Was ist richtig? Hören Sie noch einmal und kreuzen Sie an.

	richtig	falsch
1. Jonas sieht oft fern.	☐	☐
2. Leonie sieht lieber YouTube-Videos.	☐	☐
3. *Die Lochis* sind Fernsehstars.	☐	☐
4. Ina findet Nachrichten im Fernsehen besser.	☐	☐

8.4 Hören Sie noch einmal und schreiben Sie Antworten mit *weil*.

1. Warum sieht Jonas lieber im Internet fern?
2. Warum sieht Leonie lieber Videos auf YouTube?
3. Warum sieht Ina lieber Nachrichten von LeFloid?

nicht so langweilig – praktisch – für junge Leute

1. Jonas sieht lieber im Internet fern, weil ...

8.5 Und Sie? Wo sehen Sie lieber fern: im Internet oder im Fernsehen? Warum? Schreiben Sie einen Text in Ihr Heft.

Und in Ihrer Sprache?

Ihre Freundin/ihr Freund möchte mehr über die Stars im deutschen Fernsehen wissen. Lesen Sie noch einmal Ihre Notizen über Judith Rakers auf S. 44 in 7.1 und berichten Sie in Ihrer Muttersprache.

- Wer? • Beruf/Karriere?
- Sendungen? • Familie? • Hobbys?

4 Alles klar?

1 Ein Fernsehprogramm verstehen. Schreiben Sie die Antworten in Ihr Heft.

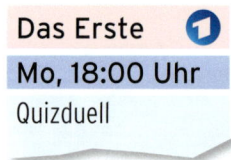

1. Was kommt am Donnerstag um Viertel nach acht auf RTL?
2. Was kommt im Ersten am Montag um 18:00 Uhr?
3. Wann und wo kommt die „Tagesschau"?
4. Was für eine Sendung ist die „Champions-League"?

1. Am Donnerstag …

Punkte 4

2 Über das Fernsehen sprechen.

2.1 Was passt? Verbinden Sie.

1. Siehst du oft Serien?
2. Hast du eine Lieblingssendung?
3. Wie findest du das „Quizduell"?
4. Was für Sendungen gibt es in deinem Land?

a Ich finde die Sendung langweilig.
b Nein, nie. Ich mag lieber Filme.
c Bei uns gibt es auch „Wer wird Millionär?", aber das heißt „Who wants to be a millionaire?".
d Meine Lieblingssendung ist der ESC.

2.2 Schreiben Sie Antworten.

1. 👎 Was ist Ihre Lieblingssendung? 👍 _____
2. 👎 Wie finden Sie Actionfilme? 👍 _____
3. 👎 Wie oft sehen Sie Nachrichten? 👍 _____
4. 👎 Was für Sendungen mögen Sie nicht? 👍 _____

Punkte 8

3 Eine Person beschreiben. Lesen Sie die Stichworte und schreiben Sie einen Text.

LeFloid
- Name: Florian Mundt
- deutscher YouTuber, Videoblogger und Student
- viele Preise
- Juli 2015: Interview mit Angela Merkel
- montags und donnerstags: Programm auf YouTube

LeFloid heißt richtig …

Punkte 8

Punkte gesamt
17–20: Super!
11–16: In Ordnung.
 0–10: Bitte noch einmal wiederholen!

Seite 32–33

der Animationsfilm, -e

die Dokumentation, -en (Doku, -s)

die Nachrichten (Pl.)

   was für ein

   Was für einen Film möchtest du sehen?

das Quiz, -

die Sendung, -en

der Liebesfilm, -e

die Serie, -n

   hübsch

Seite 34–35

   auftreten, er/sie tritt auf, er/sie ist aufgetreten

   begleiten

   deutschsprachig

   moderieren

   plötzlich

   vorher

das Lied, -er

der Erfolg, -e

der Kandidat, -en

die Kandidatin, -nen

der Komiker, -

die Komikerin, -nen

der Moderator, -en

die Moderatorin, -nen

der Preis, -e

   Sie hat einen Preis bekommen.

der Sänger, -

die Sängerin, -nen

die Karriere, -n

die Stimme, -n

   einzeln

   live

das Paar, -e

der Teil, e

   der erste/zweite/… Teil

Seite 36 – 37

   entscheiden, er/sie hat entschieden

   ersetzen

   gelten, es gilt, es hat gegolten

   halb-

   eine halbe Stunde

   normal

der Internetnutzer, -

die Internetnutzerin, -nen

der Sender, -

die Mediathek, -en

die Online-Videothek, -en

   angemeldet sein

   Ich bin bei einer Online-Videothek angemeldet.

Deutsch aktiv 3|4 / Panorama II

   bauen

   tief

das Mietshaus, -äu-er

der Schrebergarten, -ä-

   dekorieren

   gießen, er/sie hat gegossen

   pflanzen

3|4 Leben in Deutschland

1 Der Rundfunkbeitrag

a Was sind das für Medien? Was kann man mit den Medien machen? Sprechen Sie im Kurs.

b Welche Medien in a passen zum Text? Warum? Lesen Sie und kreuzen Sie an.

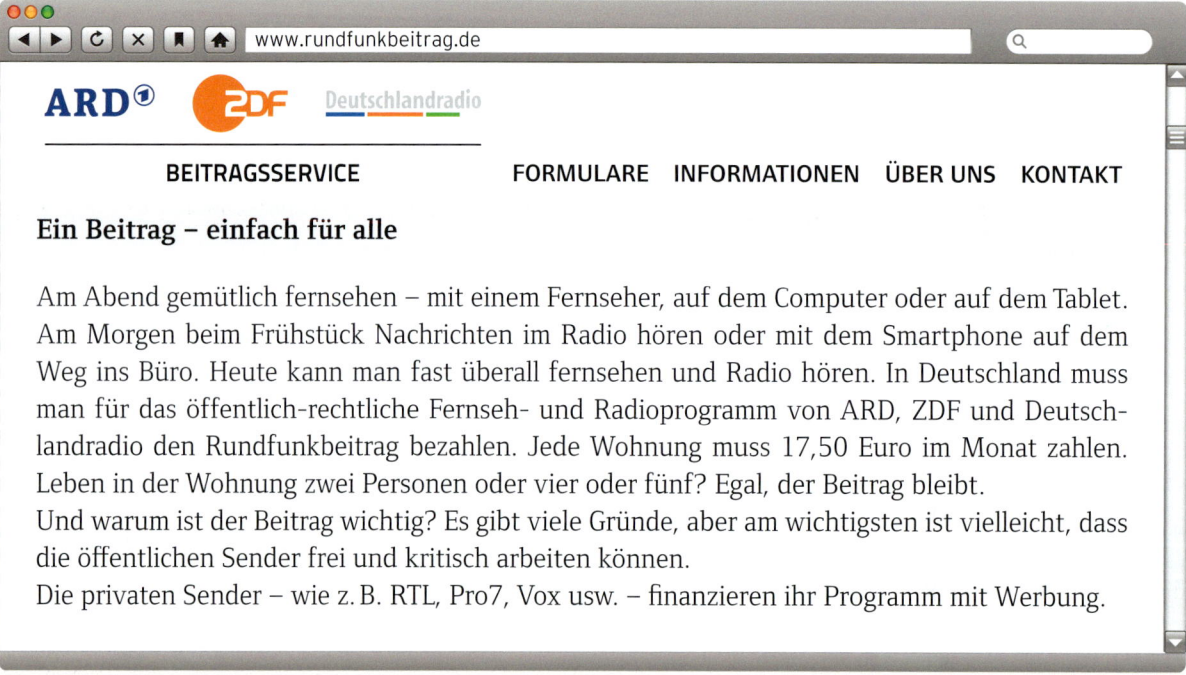

Ein Beitrag – einfach für alle

Am Abend gemütlich fernsehen – mit einem Fernseher, auf dem Computer oder auf dem Tablet. Am Morgen beim Frühstück Nachrichten im Radio hören oder mit dem Smartphone auf dem Weg ins Büro. Heute kann man fast überall fernsehen und Radio hören. In Deutschland muss man für das öffentlich-rechtliche Fernseh- und Radioprogramm von ARD, ZDF und Deutschlandradio den Rundfunkbeitrag bezahlen. Jede Wohnung muss 17,50 Euro im Monat zahlen. Leben in der Wohnung zwei Personen oder vier oder fünf? Egal, der Beitrag bleibt.
Und warum ist der Beitrag wichtig? Es gibt viele Gründe, aber am wichtigsten ist vielleicht, dass die öffentlichen Sender frei und kritisch arbeiten können.
Die privaten Sender – wie z. B. RTL, Pro7, Vox usw. – finanzieren ihr Programm mit Werbung.

c Was sind öffentliche und was sind private Sender? Lesen Sie noch einmal und unterstreichen Sie im Text.

d Was ist richtig? Lesen Sie noch einmal und kreuzen Sie an.

	richtig	falsch
1. Mit dem Rundfunkbeitrag bezahlt man nur das Fernsehen.	☐	☐
2. Für jede Wohnung zahlt man einen Beitrag.	☐	☐
3. Alle Fernseh- und Radiosender bekommen Geld von den Beiträgen.	☐	☐
4. Die öffentlichen Sender entscheiden selbst, was sie senden.	☐	☐

2 Meinungen zum Rundfunkbeitrag

a Warum ist der Rundfunkbeitrag gut? Lesen Sie und sprechen Sie im Kurs.

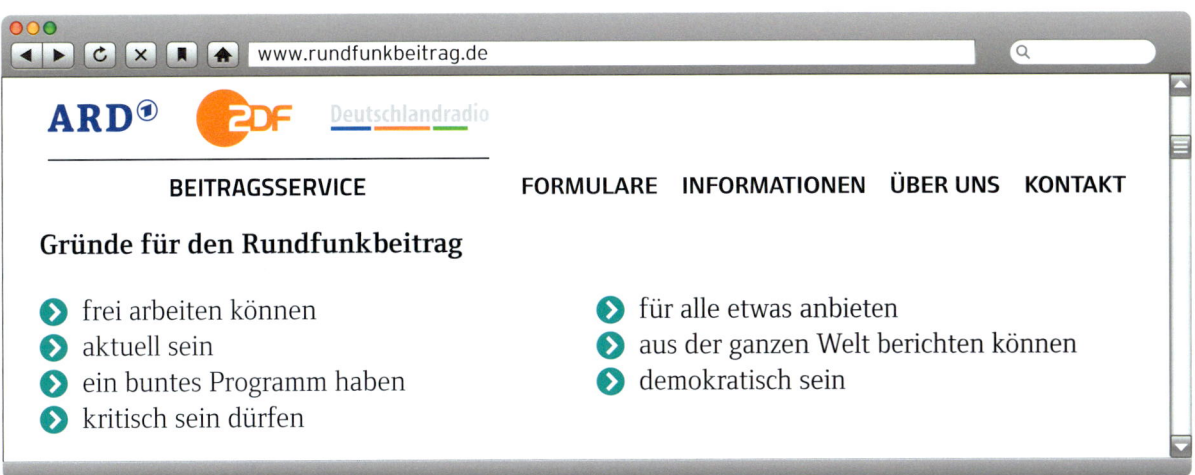

Gründe für den Rundfunkbeitrag

- frei arbeiten können
- aktuell sein
- ein buntes Programm haben
- kritisch sein dürfen
- für alle etwas anbieten
- aus der ganzen Welt berichten können
- demokratisch sein

Ein Rundfunkbeitrag ist gut, weil die Medien frei arbeiten können.

b Finden die Menschen den Rundfunkbeitrag gut? Warum ja? Warum nicht? Hören Sie zweimal und ergänzen Sie die Tabelle.

	Roman Brendel	Sybille Meier	Jonas Funk
Alter			
für/gegen den Rundfunkbeitrag			
warum?			

Roman Brendel findet, dass ...

c Meinung äußern. Was passt? Ordnen Sie zu.

Ich finde es gut/richtig, weil ... – Meiner Meinung nach ist das falsch. – Ja, das finde ich auch. – Ich bin nicht sicher. – Ich denke nicht, dass ... – Das stimmt. – Ich glaube, das stimmt nicht.

die eigene Meinung äußern
zustimmen   widersprechen   unsicher sein

d Wie finden Sie den Rundfunkbeitrag? Diskutieren Sie im Kurs.

Ich finde den Rundfunkbeitrag gut, weil ...   *Das stimmt, aber ...*

3 Vereine

a Was machen die Personen? Sprechen Sie im Kurs.

Auf Foto 2 feiern die Menschen Karneval in Köln. Sie ...

b Was ist ein Verein? Lesen Sie und notieren Sie die Informationen.

In einem **Verein** kommen Menschen regelmäßig zusammen und machen etwas. Sie haben ein gemeinsames Hobby – z. B. einen Sport, die Kunst, das Singen, die Umwelt, Tiere oder auch den Karneval. Man braucht immer mindestens sieben Personen, dann kann man in Deutschland einen Verein gründen. Die Mitglieder müssen Regeln für den Verein bestimmen. Sieben Mitglieder müssen die Regeln unterschreiben. Man muss dann den Verein anmelden.

Wer? _____
Was? _____
Wie viele Personen? _____

c In welchem Verein sind die Personen auf den Fotos in a? Sprechen Sie im Kurs.

4 Noch mehr Informationen zu Vereinen

a Bilden Sie drei Gruppen. Jede Gruppe liest einen Text und beantwortet die Fragen.

1. Welches Foto passt?
2. Was bedeuten die unterstrichenen Wörter? Finden Sie die Erklärung im Text.
3. Schreiben Sie zu Ihrem Text W-Fragen und beantworten Sie die Fragen.

Sportverein e.V.
Fußball – Leichtathletik – Tanzen/Aerobic – Volleyball – Tischtennis – Schwimmen – Wandern

Mitgliedsantrag

Nachname _____
Vorname _____
Straße u. Hausnummer _____
PLZ, Wohnort _____
Geburtsdatum _____
E-Mail _____
Geschlecht ☐ männlich ☐ weiblich

3|4

Vereinsmitglieder

Möchten Sie <u>Mitglied</u> in einem Verein werden? Dann müssen Sie sich anmelden, d. h. Sie müssen ein Anmeldeformular von dem Verein ausfüllen. Als Mitglied bezahlt man einen kleinen Mitgliedsbeitrag pro Jahr und überweist ihn auf das Vereinskonto. Möchten Sie in dem Verein nicht mehr Mitglied sein? Dann müssen Sie <u>kündigen</u> – meistens schriftlich und zu einem konkreten Datum.

Foto ☐

Ehrenamtlich arbeiten

Vereine haben oft nicht viel Geld, deshalb arbeiten dort viele Personen <u>ehrenamtlich</u> – das heißt, sie bekommen kein Geld. Vereine können ohne ehrenamtliche Arbeit nicht funktionieren. Die Personen arbeiten als Trainer, unterrichten, organisieren, kochen, backen Kuchen usw.

Foto ☐

Vereine in Zahlen

Vereine sind sehr typisch für Deutschland, sie haben eine <u>lange Tradition</u>. Die ersten Vereine waren im 18. Jahrhundert Kultur- und Lesevereine, später sind viele andere Vereine dazugekommen – v. a. Sportvereine. Heute gibt es in Deutschland über 600.000 Vereine, ca. 44 Prozent von den Deutschen sind Mitglied in einem Verein. Am beliebtesten sind Sportvereine, ca. 25 Prozent machen Sport in einem Sportverein.

Foto ☐

b Sie sind Expertin/Experte für Ihren Text. Bilden Sie neue Gruppen. In jeder Gruppe müssen Experten aus allen Gruppen sein. Lösen Sie die Aufgaben 1 bis 3.

1. Zeigen Sie Ihr Foto und beschreiben Sie es.
2. Erklären Sie Ihren Text. Ihre Fragen helfen.
3. Erklären Sie das unterstrichene Wort aus Ihrem Text.

5 Sind Sie in einem Verein? Oder eine Freundin/ein Freund von Ihnen?

a Machen Sie ein Interview und schreiben Sie einen Steckbrief zu dem Verein.

Name – Aktivität – wie viele Mitglieder – Beitrag – Adresse/Telefonnummer

b Berichten Sie im Kurs.

> Mein Freund José ist in einem Sportverein. Er ...

Lernwortschatz

Seite 48–49

der Rundfunkbeitrag, -ä-e

   öffentlich

   privat

die Werbung (Sg.)

das Medium, Medien

Seite 50–51

der Verein, -e

   gründen

das Mitglied, -er

kündigen

schriftlich

ehrenamtlich

die eigene Meinung äußern

zustimmen   Ich finde es gut/richtig, weil ...
                     Ja, das finde ich auch. Das stimmt.

widersprechen   Meiner Meinung nach ist das falsch.
                     Ich denke nicht, dass ...
                     Ich glaube, das stimmt nicht.

unsicher sein   Ich bin nicht sicher.

5 Alltag oder Wahnsinn?

1 Apps im Alltag

1.1 Was kann man mit Apps machen? Ordnen Sie zu und schreiben Sie Sätze.

eine Reise planen – eine Apotheke in der Nähe finden – Fahrpläne lesen – sich über das Wetter informieren – ~~Termine koordinieren~~ – den Alltag organisieren und Zeit sparen

1. **d** Mit einer App kann man Termine koordinieren.
2.
3.
4.
5.
6.

1.2 Die Fahrplan-App. Was passt zusammen? Verbinden Sie.

1. Wann fahren die Busse besonders oft?
2. Ab wann fahren hier die Nachtbusse?
3. Bis wann fährt der Bus Nummer 23?
4. Wie lange gilt der Ferienplan für die Busse?

a Zwei Wochen.
b Täglich bis 22:30 Uhr.
c Zwischen 9:00 und 18:00 Uhr.
d Ab 23:00 Uhr.

1.3 *Ab*, *bis* oder *zwischen*? Ergänzen Sie.

1. 💬 Ich gehe mittwochs _____ 19:30 und 21:30 Uhr mit einer Freundin joggen.
   👍 Was? So spät?
   💬 Ja, manchmal muss ich _____ 20 Uhr arbeiten.
   Dann können wir erst _____ 21 Uhr laufen.

2. 💬 _____ wann musst du die Termine wissen?
   👍 Ich brauche die Termine _____ Montagabend. Am Dienstag muss ich entscheiden.

1.4 Schreiben Sie die Fragen.

1. 💬 _____
   👍 Ich habe am Sonntag bis 9 Uhr geschlafen.

2. 💬 _____
   👍 Ich bin ab Dienstag im Urlaub.

3. 💬 _____
   👍 Ich bin morgen zwischen 16 und 19 Uhr zu Hause.

5

1.5 *Ab*, *bis* oder *zwischen*? Schreiben Sie die Antworten.

1. Wann machen Sie Mittagspause? (13:00 Uhr ⊣⊢ 13:30 Uhr)
2. Ab wann fährt der Bus? (6:00 Uhr ⟼)
3. Bis wann arbeiten Sie heute? (⟼ 17:00 Uhr)
4. Ab wann haben Sie Urlaub? (Montag ⟼)
5. Wann trainieren Sie im Fitnessstudio? (20:00 Uhr ⊣⊢ 23:00 Uhr)
6. Bis wann brauchen Sie die Informationen? (⟼ morgen)

Ich mache zwischen eins und halb zwei Mittagspause.

1.6 Hören Sie die Fragen und antworten Sie mit Ihren Sätzen aus 1.5.

2 Stress am Morgen

2.1 Mutter und Sohn. Was passiert? Schreiben Sie Sätze zu den Bildern.

1. *Sabine Müller wäscht sich, dann wäscht sie ihren Sohn.*
2. _____

3. _____
4. _____

2.2 Morgens im Bad. Ergänzen Sie die Reflexivpronomen.

💬 Wann kämmt ihr _____ endlich? Es ist schon acht Uhr.

👍 Ich habe _____ doch schon gekämmt.

💬 Wann? Gestern? Sieh _____ doch mal im Spiegel an!

👍 Oh Mann!!! Warum müssen wir _____ immer kämmen?

💬 Man kämmt _____ jeden Morgen. Das ist normal!

👍 Aber Florian und Anne kämmen _____ auch nicht.

💬 Schluss jetzt! Beeilt _____!

5　Alltag oder Wahnsinn?

2.3 Was macht Simone zuerst, was danach? Hören Sie und ordnen Sie.

- a ☐ sich anziehen
- b ☐ aus dem Haus gehen
- c ☐ die U-Bahn nehmen
- d ☐ Tee trinken
- e ☐ 1 aufstehen
- f ☐ Zeitung lesen und frühstücken
- g ☐ sich kämmen und schminken
- h ☐ sich waschen

2.4 Was macht Simone wann? Schreiben Sie Sätze.

1. Simone steht um sechs Uhr auf.
2.
3.
4.
5.
6.
7.
8.

2.5 Was hat Simone heute gemacht? Schreiben Sie die Sätze aus 2.4 im Perfekt.

1. Simone ist heute um sechs Uhr aufgestanden.

3　So fängt der Tag cool an.

3.1 Hast du schon …? Hören Sie und antworten Sie mit *Nein* wie im Beispiel.

1. Hast du dich schon angezogen?
2. Hast du dich schon rasiert?
3. Hast du dich schon gekämmt?
4. Hast du dich schon gewaschen?
5. Hast du dich schon geschminkt?
6. Und bist du schon aufgestanden?

Nein, ich habe mich noch nicht angezogen.

3.2 Schließen Sie das Buch. Hören Sie noch einmal und antworten Sie.

3.3 Ein ruhiger Morgen. Hören Sie. Welches Thema passt? Kreuzen Sie an.

1. ☐ Ein Tag ohne Arbeit　2. ☐ Ein Morgen ohne die Familie　3. ☐ Allein im Urlaub

3.4 Was sagt die Freundin? Lesen Sie die Fragen. Hören Sie noch einmal und ordnen Sie die Fragen.

- a ☐ Frühstückst du normalerweise nie?
- b ☐ Warst du ganz allein?
- c ☐ Danke auch gut. Wie war dein Tag?
- d ☐ Hallo, hier spricht Isabell. Wie geht es dir?

3.5 Karaoke. Hören Sie noch einmal und sprechen Sie die Fragen aus 3.4.

3.6 Und wie sieht ein ruhiger Morgen für Sie aus? Schreiben Sie Sätze in Ihr Heft.

4 Ein ganz normaler Tag

4.1 Welches Verb passt? Ergänzen Sie.

aufhängen – bringen – haben – machen – kochen – kommen – vorlesen – waschen

1. es eilig _____ und dann zu spät _____
2. Kakao _____ und Brote für die Schule _____
3. die Kinder ins Bett _____ und ihnen ein Märchen _____
4. Wäsche _____ und sie dann _____

4.2 Welcher Betreff passt? Lesen Sie und kreuzen Sie an.

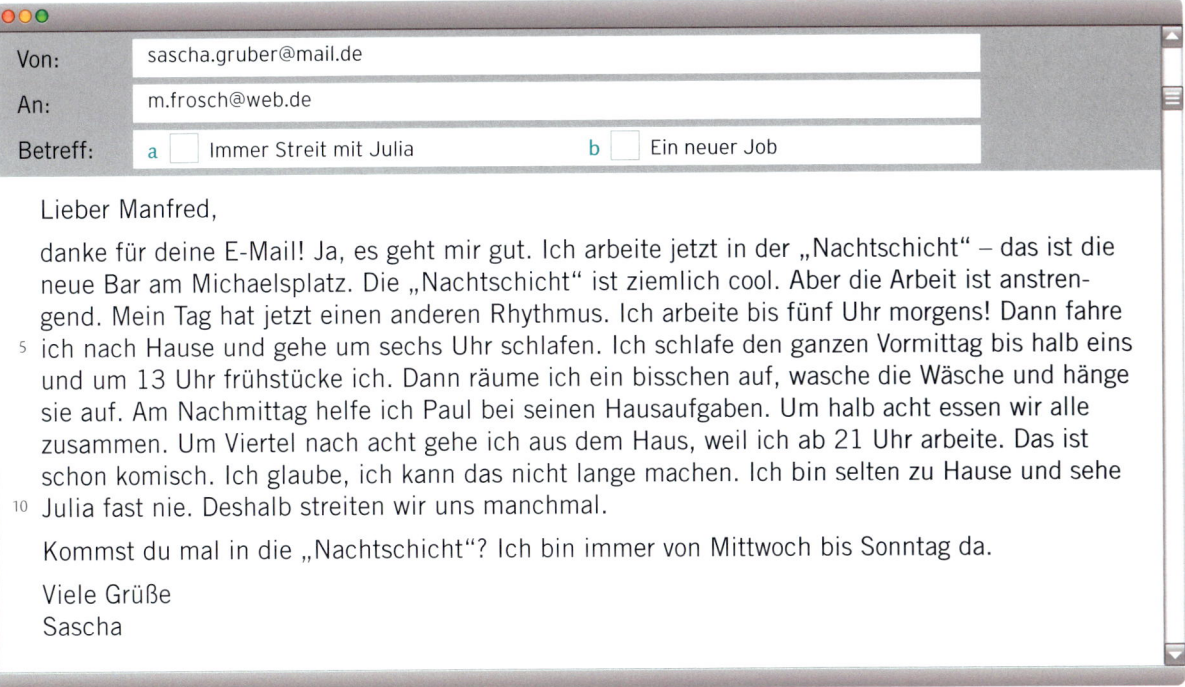

4.3 Lesen Sie noch einmal und beantworten Sie die Fragen.

1. Wie findet Sascha seine Arbeit?

2. Von wann bis wann arbeitet Sascha?

3. Was macht Sascha vor der Arbeit?

4. Von wann bis wann schläft Sascha?

5. Warum streiten sich Sascha und Julia manchmal?

5 Alltag oder Wahnsinn?

5 Ist dein Alltag auch stressig?

5.1 Welches Verb passt? Hören Sie und kreuzen Sie an.

1. a ☐ sich entschuldigen
   b ☐ sich freuen
   c ☐ sich streiten
2. a ☐ sich beeilen
   b ☐ sich ärgern
   c ☐ sich treffen
3. a ☐ sich schlecht fühlen
   b ☐ sich treffen
   c ☐ sich entschuldigen
4. a ☐ sich streiten
   b ☐ sich gut fühlen
   c ☐ sich beeilen
5. a ☐ sich treffen
   b ☐ sich freuen
   c ☐ sich ärgern
6. a ☐ sich beeilen
   b ☐ sich entschuldigen
   c ☐ sich treffen

5.2 Was passt zusammen? Verbinden Sie.

1. Müsst ihr
2. Wie fühlt sich
3. Wo treffen wir
4. Wann entschuldigst du
5. Könnten Sie

a uns morgen?
b dich bei mir?
c euch immer streiten?
d sich bitte ein bisschen beeilen?
e dein Vater heute?

5.3 Welches Verb passt? Ergänzen Sie die Fragen.

1. Warum _____ du _____ ?
2. Warum _____ ihr _____ immer?
3. Warum _____ du _____ ?
4. Warum müssen wir _____ ?
5. Warum _____ du _____ schlecht?

sich beeilen – sich fühlen – sich ärgern – sich freuen – sich streiten

5.4 Schreiben Sie Antworten zu den Fragen in 5.3.

1. Ich *freue mich, weil wir uns morgen treffen.*
   (wir – morgen – sich treffen)
2. Wir _____
   (wir beide – gern diskutieren)
3. Ich _____
   (wir – immer – sich streiten)
4. Wir _____
   (die U-Bahn – in zehn Minuten – kommen)
5. Ich _____
   (ich – viel Stress haben)

5.5 Karaoke. Hören Sie und sprechen Sie die 👄-Rolle.

👂 ...
👄 Wir haben uns heute Morgen gestritten. Ich war wirklich sauer!
👂 ...
👄 Ja, wir haben den Wecker nicht gehört und sind zu spät aufgestanden. Echt blöd!
👂 ...
👄 Ja, das ärgert mich auch sehr. So viel Stress – da fühle ich mich schlecht.

6 Familienalltag

6.1 Lesen Sie den Text schnell. Welche Überschrift passt nicht? Streichen Sie durch.

1. Den Tag ohne Stress beginnen
2. Wellness zu Hause
3. Tipps für weniger Stress am Morgen

Familienleben heute   4/16

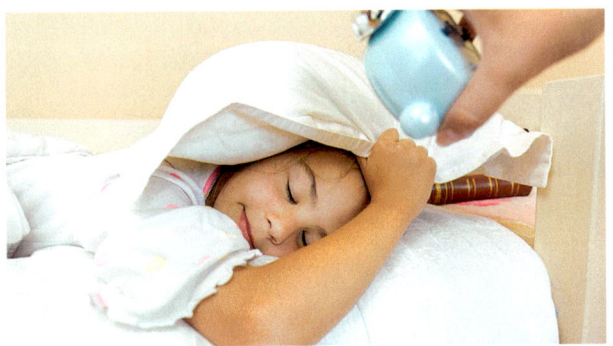 

Morgens ist es bei vielen Familien mit Kindern oft gar nicht lustig. Die Kinder stehen nicht gern auf. Sie wollen sich nicht anziehen oder nicht frühstücken. Oder das Bad ist nicht frei – und am Ende müssen sich alle beeilen. Das ist Stress für alle und vielleicht streitet man sich auch.

Aber das muss nicht sein. Mit unseren Tipps beginnt der Tag ruhiger – und alle haben bessere Laune!

1. Wählen Sie zusammen mit Ihrem Kind schon am Abend die Kleidung für den nächsten Tag aus. So müssen Sie morgens nicht diskutieren. Und abends ist es nicht so hektisch, weil alle mehr Zeit haben.

2. Bereiten Sie schon abends den Frühstückstisch vor. Mit einem guten Frühstück beginnt der Tag freundlicher. Die ganze Familie sitzt zusammen am Tisch – da schmecken das Brot und der Kakao noch besser. Sie können auch die Brote für die Schule oder den Kindergarten schon abends vorbereiten.

3. Haben Sie einen guten Wecker? Die meisten Menschen stehen lieber mit Musik auf. Aber sehr laute Musik macht nervös! Wählen Sie lieber ein ruhiges Lied.

4. Machen Sie einen Plan für das Badezimmer: Wer muss morgens zuerst aus dem Haus gehen? Die Person darf auch zuerst ins Bad.

5. Machen Sie morgens etwas Schönes zusammen. Vielleicht singen Sie mit Ihren Kindern ein Lied nach dem Frühstück? Oder Sie machen ein kleines Spiel? Dann freuen sich alle auf den nächsten Morgen – und die Kinder stehen vielleicht auch ein bisschen lieber (und früher) auf.

6.2 Was ist richtig? Lesen Sie noch einmal und kreuzen Sie an.

1. Morgens ist es stressig, weil ...
   - a ☐ sich alle beeilen müssen.
   - b ☐ die Kinder sich immer streiten.

2. Die Kleidung für die Kinder soll man ...
   - a ☐ am Abend auswählen.
   - b ☐ am Morgen diskutieren.

3. Die Kinder sollen ...
   - a ☐ in der Schule frühstücken.
   - b ☐ zusammen mit den Eltern frühstücken.

4. Die meisten Menschen können am besten mit einem ...
   - a ☐ lauten Lied aufstehen.
   - b ☐ ruhigen Lied aufstehen.

5. Die Eltern sollen morgens ...
   - a ☐ früher aufstehen.
   - b ☐ ein bisschen mit den Kindern singen oder spielen.

5 Alltag oder Wahnsinn?

7 Raus aus dem Alltag mit Wellness

7.1 Was passt nicht? Streichen Sie durch.

1. das Hotel – das Hallenbad – die Jugendherberge – das Hostel
2. der Spiegel – die Massage – die Sauna – das Dampfbad
3. das Panorama – der Blick – die Wäsche – die Aussicht

7.2 Diktat. Hören und ergänzen Sie. Nutzen Sie die Pausentaste.

Mein Alltag ist _____. Deshalb ist Wellness _____. In der Nähe _____ mit einem großen Wellnessbereich, ein Hallenbad und einem Fitnessraum. Dort _____, _____ und ich kann _____.

Ich liebe die Sauna und _____, vor allem _____.

Ich gehe _____ ins Wellnesshotel.

7.3 Dreimal Spa. Was für Texte sind das? Lesen Sie und ordnen Sie zu. Eine Antwort passt nicht.

www.freizeittipps-in-dresden.de

a Niki_SpaFan

Ein wunderbarer Tag! Ich war am letzten Sonntag im Schloss-Spa – und es war toll. Ich habe mich super erholt und entspannt. Das war wie ein kurzer Urlaub. Die Sauna und die Ruheräume sind sehr schön. Und die Massage war perfekt. Ich komme auf jeden Fall wieder.

b SPA-WELT IM SCHLOSS

In Bad Neuheim, in der Nähe von Dresden, gibt es ein neues Spa. Seit September 2015 lädt das Schloss-Spa zum Erholen ein – mit zwei Saunen, Dampfbad, Whirlpool und wunderschönen Ruheräumen.

Die Managerin, Evelyn Schneider, erzählt, dass ihr Team mehr als sechs Monate die neuen Räume gebaut und dekoriert hat.

Neues Spa im Schloss

Das Spa ist bei den Kunden schon jetzt sehr beliebt. Zum Beispiel muss man eine Massage unbedingt vorher buchen. Ohne Termin haben Sie keine Chance.

c

Stressiger Alltag?
Erholen Sie sich im neuen Schloss-Spa in Bad Neuheim!

Finnische Sauna · Bio-Sauna · Hallenbad · Whirlpool

Nutzen Sie unser Winter-Sonderangebot*:
90 Minuten Massage für nur 69 Euro

Einzelzimmer ab 79 Euro
Doppelzimmer ab 119 Euro

Informationen unter www.schloss-spa.de

* Gültig vom 01.11. bis zum 20.02.

1. ☐ Eine Zeitung stellt das neue Spa vor.
2. ☐ Eine Frau schreibt ihrer Freundin eine E-Mail aus dem Spa.
3. ☐ Das Spa stellt sein Angebot vor. Es sucht neue Kunden.
4. ☐ Eine Kundin schreibt im Internet, dass ihr das Spa gefällt.

7.4 Lesen Sie noch einmal die Texte in 7.3. Was passt zusammen? Verbinden Sie.

1. Das Schloss-Spa gibt es
2. Das Team hat
3. Für eine Massage muss man
4. Bis Februar gibt es
5. Ein Tag im Schloss-Spa ist

a sechs Monate am Spa gebaut.
b wie ein Kurzurlaub.
c seit September 2015 in Bad Neuheim.
d ein Sonderangebot für Massagen.
e einen Termin machen.

7.5 Aus welchem Text in 7.3 kommen die Informationen in 7.4? Schreiben Sie.

Text a: Text b: *1.c* Text c:

7.6 Kundenbewertungen. Was passt nicht? Streichen Sie durch.

www.checkdeinhotel.at

1 Marina F. ★★★★★   *Tolle/Keine* Erholung! Super Wellnessbereich!

Wir waren am letzten Wochenende hier. Es war *furchtbar/wunderschön*. Die Zimmer sind groß und *hell/dunkel*. Der Wellnessbereich ist ein *Traum/Stress*. Wir kommen *bestimmt/nicht* wieder. Danke für eine *schlimme/wunderbare* Zeit.

2 Robert J. ★   *Nie/Immer* wieder!

Erholung? Nein, hier leider nicht! Die Mitarbeiter an der Rezeption waren sehr *unfreundlich/sympathisch*. Die Zimmer waren klein und das Bad war *sehr/nicht* sauber. Im Ruheraum haben wir *nie/immer* einen freien Platz gefunden. Und alles war sehr *teuer/günstig*: Wir haben uns sehr *gefreut/geärgert*.

7.7 Schreiben Sie eine positive oder negative Bewertung zu dem Spa-Angebot in 7.3.

7.8 Ein Interview. Hören Sie und kreuzen Sie an.

Sie sprechen über
1. ☐ Wellnessreisen in verschiedene Länder.
2. ☐ ein neues Wellnesshotel „Neue Welten".

7.9 *Ja* oder *nein*? Hören Sie noch einmal und kreuzen Sie an.

	ja	nein
1. Die Radio-Sendung heißt „Modernes Leben".	☐	☐
2. Simon Walter verkauft Wellnessreisen.	☐	☐
3. Er hat dieses Jahr weniger Kunden als letztes Jahr.	☐	☐
4. Er hat nur Reisen nach Deutschland im Angebot.	☐	☐
5. Viele Kunden wollen im Urlaub gesund essen und Sport machen.	☐	☐
6. Simon Walter macht am liebsten Yoga-Reisen.	☐	☐

Und in Ihrer Sprache?

Ihre Freundin/Ihr Freund möchte im Winter einen Wellnessurlaub machen. Lesen Sie noch einmal das Angebot für das Schloss-Spa in 7.3 (Text c) und erklären Sie das Angebot in Ihrer Muttersprache.

5 Alles klar?

1 Über Medien im Alltag sprechen. Wie helfen Apps im Alltag? Schreiben Sie.

1. Mit einer App kann man …
2.
3.
4.
5.

Punkte: 5

2 Den Alltag beschreiben. Was machen Sie wann? Schreiben Sie Sätze mit *ab*, *bis* und *zwischen*.

1. aufstehen (6:30 Uhr — 7:00 Uhr)
2. sich waschen (6:45 Uhr — 7:05 Uhr)
3. sich anziehen (— 7:15 Uhr)
4. frühstücken (7:15 Uhr —)
5. sich beeilen (6:30 Uhr —)

Punkte: 5

3 Sagen, dass man etwas nicht gut findet. Wie reagieren Sie in diesen Situationen? Schreiben Sie Sätze.

1. Sie haben zu Hause viel Stress und müssen sich immer beeilen.

2. Ihre Kollegin / Ihr Kollege kommt immer zu spät zu den Terminen und Sie müssen warten.

Punkte: 4

4 Etwas positiv bewerten. Schreiben Sie die Sätze positiv.

1. Wir hatten eine furchtbare Zeit hier.
2. Wir haben uns nicht erholt.
3. Das Hotel ist nicht schön und es ist zu teuer.
4. Der Fitnessbereich ist furchtbar.
5. Die Ruheräume haben uns nicht gefallen und der Service war schlecht.
6. Wir kommen bestimmt nicht wieder.

1. Wir hatten …

Punkte: 6

Punkte gesamt
17–20: Super!
11–16: In Ordnung.
0–10: Bitte noch einmal wiederholen!

5

Seite 42–43

ab
auswählen
gemeinsam
in der Nähe
(sich) informieren
öffentlich
planen
sparen
unterwegs (sein)
der Alltag (Sg.)
der Einkauf, -äu-e
der Fahrplan, -ä-e
der Supermarkt, -ä-e
die Apotheke, -n
die App, -s
die Organisation, -en
koordinieren
nie
verschlafen, er/sie verschläft, er/sie hat verschlafen
(sich) ansehen, er/sie sieht an, er/sie hat angesehen
(sich) anziehen, er/sie hat angezogen
(sich) ausziehen, er/sie hat ausgezogen
(sich) kämmen
(sich) rasieren
(sich) schminken
(sich) waschen, er/sie wäscht, er/sie hat gewaschen
der Spiegel, -

Seite 44–45

die Wäsche (Sg.)
aufhängen
sich streiten, er/sie hat gestritten
froh
pünktlich
sauer
Ich bin sauer!
der Stress (Sg.)
gerade
hektisch
(sich) entschuldigen
(sich) treffen, er/sie trifft, er/sie hat getroffen
der Haushalt, -e
der Kindergarten, -ä-
die Schuld (Sg.)
Das ist (nicht) meine Schuld.
(sich) ärgern
sich beeilen
sich freuen
(sich) fühlen

Seite 46–47

das Hallenbad, -ä-er
das Hostel, -s
der Blick, -e
der Mitarbeiter, -
die Mitarbeiterin, -nen
der Ruheraum, -äu-e
die Sauna, Saunen
die Jugendherberge, -n
die Erholung (Sg.)
entspannt
wiederkommen, er/sie ist wiedergekommen
sich erholen

6 Die schwarzen oder die bunten Stühle?

1 Die Wohnungen von John, Marie und Anne

1.1 Was ist richtig? Lesen Sie und kreuzen Sie an. Korrigieren Sie dann die falschen Antworten.

Ich bin neu hier in Darmstadt und wohne in einem Studentenwohnheim. Ich habe ein schönes, helles Zimmer mit einem kleinen Bad. Auf meinem Flur gibt es noch sieben andere Zimmer. Wir sind acht Studenten und haben zusammen eine große Küche. Dort treffen wir uns oft und kochen auch manchmal zusammen.

In meinem Zimmer sind nicht sehr viele Möbel: Es gibt ein praktisches Bett, einen großen Schrank und eine moderne Lampe. An der Wand hängt ein langes Regal und vor dem Fenster steht ein kleiner Schreibtisch mit zwei unbequemen Stühlen. Ich möchte bald ein paar Dinge kaufen: einen gemütlichen Teppich, einen bequemen Schreibtischstuhl, eine helle Schreibtischlampe und ein kleines Sofa.

John Waters

	richtig	falsch
1. John wohnt mit anderen Studenten in einer WG.	☐	☐
2. Sie machen manchmal etwas zusammen.	☐	☐
3. John hat viele Möbel.	☐	☐
4. Er hat keinen Stuhl.	☐	☐
5. Er braucht einen Teppich und ein Sofa.	☐	☐

1.2 Wiederholung: Adjektive nach indefinitem Artikel. Unterstreichen Sie die Adjektive in 1.1 und ergänzen Sie die Tabelle.

	Nominativ (N)	Akkusativ (A)	Dativ (D)
m	ein _____ Schreibtisch	einen _____ Schrank	einem großen Tisch
n	ein _____ Regal	ein _____ Sofa	einem _____ Bad
f	eine helle Lampe	eine _____ Lampe	einer hellen Lampe
Pl.	unbequeme Stühle	unbequeme Stühle	_____ Stühlen

1.3 Wiederholung: Adjektive nach indefinitem Artikel. Ergänzen Sie die Adjektivendungen.

Marie ist Studentin und wohnt seit drei Monaten in Hamburg. Aber sie hat noch kein Zimmer gefunden. Deshalb wohnt sie bei ihrer gut____ (D) Freundin Anne. Anne hat eine gemütlich____ (A) Wohnung mit einem klein____ (D) Zimmer, einem klein____ (D) Bad und einer groß____ (D) Küche mit einem schön____ (D) Balkon. Das Schlafzimmer ist klein, deshalb hat Anne nur ein groß____ (A) Bett, einen alt____ (A) Schrank und ein klein____ (A) Regal. Leider ist das Zimmer zu klein für einen groß____ (A) Schreibtisch. Deshalb steht ihr neu____ (N) Laptop in der Küche auf dem alt____ (D) Küchentisch. Annes bequem____ (N) Sofa ist kaputt, deshalb sitzen Marie und Anne oft auf den alt____ (D) Stühlen auf dem Balkon. Marie wohnt gern bei Anne, aber sie will bald ein eigen____ (A) Zimmer oder eine eigen____ (A) Wohnung finden.

1.4 Wie sind der Artikel und der Plural? Ergänzen Sie.

1.5 Wie viel kostet …? Adjektivendungen nach dem definiten Artikel im Nominativ. Ergänzen Sie die Endungen und schreiben Sie die Antwort.

Wie viel kostet/kosten …

1. der schwarz**e** Schreibtischstuhl?
2. das altmodisch____ Telefon?
3. die weiß____ Schreibtischlampe?
4. die blau____ Hefte?
5. der rot____ Papierkorb?
6. das klein____ Bücherregal?
7. die gelb____ Tasche?
8. die bunt____ Stifte?

1. Der schwarze Schreibtischstuhl kostet 139 Euro.

1.6 Hören Sie die Fragen und antworten Sie mit Ihren Sätzen aus 1.5.

1.7 Wie finden Sie die Dinge in 1.5? Schreiben Sie acht Sätze. Benutzen Sie die Adjektive nach dem definiten Artikel im Akkusativ.

schön – hässlich – modern – günstig – teuer – elegant – altmodisch – praktisch

1. Ich finde den schwarzen Schreibtischstuhl elegant.

1.8 Hören Sie die Fragen und antworten Sie mit Ihren Sätzen aus 1.7.

6 Die schwarzen oder die bunten Stühle?

1.9 Adjektivendungen nach dem definiten Artikel im Nominativ und Dativ.
Finden Sie acht Unterschiede und schreiben Sie Sätze zu den Bildern wie im Beispiel.

Auf Bild 1 hängt der kleine Spiegel zwischen dem großen und dem kleinen Fenster, aber auf Bild 2 steht er zwischen …

2 Was für Möbel haben Sie? Welche Möbel möchten Sie wegwerfen?

2.1 Wiederholung: Adjektive nach indefinitem Artikel. Was für Möbel haben Sie in Ihrem Zimmer / Ihrer Wohnung? Schreiben Sie einen Satz mit acht Dingen. Achten Sie auf die Artikel.

Ich habe einen kleinen Tisch, …

2.2 Welche Möbel möchten Sie (nicht) wegwerfen? Schreiben Sie Sätze zu vier Dingen aus 2.1.

Der kleine Tisch ist schön. Ich möchte den kleinen Tisch nicht wegwerfen.

3 Im Möbelgeschäft

3.1 Was passt zusammen? Verbinden Sie.

1. Guten Tag, kann ich Ihnen helfen?
2. Können Sie das Sofa liefern?
3. Wie gefällt dir das weiße Sofa?
4. Was kostet der Schrank?
5. Der Tisch und die Stühle kosten zusammen nur 125 Euro.

a Der ist gerade im Angebot. Nur 199 Euro.
b Na ja, ich finde es okay.
c Oh, das ist günstig.
d Ja, aber das dauert drei bis vier Tage.
e Ja, gern. Ich suche einen Schreibtisch.

3.2 Karaoke. Hören Sie und sprechen Sie die 👄-Rolle.

👂 ...
👄 Ja, bitte. Ich suche ein gemütliches Sofa.
👂 ...
👄 Ja, ganz gut. Aber haben Sie auch Sofas in Schwarz?
👂 ...
👄 Aha, ja. Das gefällt mir. Das Grau ist sehr elegant. Was kostet das Sofa?
👂 ...
👄 Hm, das ist ein bisschen teuer, aber es ist auch sehr schön. Können Sie das Sofa auch liefern?
👂 ...
👄 Oh, 100 Euro! Dann hole ich das Sofa lieber selbst ab.

4 Adjektive, Adjektive …

4.1 Signalendungen. Was fehlt? Ergänzen Sie die Buchstaben.

r – s – e – n – e – n – e – s – m – s – e – r – r – n – m – s – e – r – m – e – m –
s – e – e – r – e – e – m – n – s – n – e – n – r – m – e

Nominativ
der blaue Anzug	da_ grüne Kleid	di_ rote Bluse	di_ gelben Schuhe
ein blauer Anzug	ein grüne__ Kleid	ein__ rote Bluse	gelb__ Schuhe
kein blauer Anzug	kein grüne__ Kleid	kein__ rote Bluse	kein__ gelben Schuhe

Akkusativ
de__ blauen Anzug	da_ grüne Kleid	di_ rote Bluse	di_ gelben Schuhe
eine__ blauen Anzug	ein grüne__ Kleid	ein__ rote Bluse	gelb__ Schuhe
keine__ blauen Anzug	kein grüne__ Kleid	kein__ rote Bluse	kein__ gelben Schuhe

Dativ
de__ blauen Anzug	de__ grünen Kleid	de__ roten Bluse	de__ gelben Schuhe**n**
eine__ blauen Anzug	eine__ grünen Kleid	eine__ roten Bluse	gelbe__ Schuhe**n**
keine__ blauen Anzug	keine__ grünen Kleid	keine__ roten Bluse	keine__ gelben Schuhe**n**

4.2 Hören Sie und antworten Sie mit Nominativ wie im Beispiel.

Wo ist der blaue Anzug?

Der blaue Anzug? Das weiß ich nicht. Hier ist kein blauer Anzug.

4.3 Hören Sie und antworten Sie mit Akkusativ wie im Beispiel.

Siehst du den blauen Anzug?

Den blauen Anzug? Nein, ich sehe keinen blauen Anzug.

fünfundsechzig

6

Die schwarzen oder die bunten Stühle? _____

5 Lampen im Internet

5.1 Welche Wörter passen? Ergänzen Sie.

billig – Glas – groß – hoch – ~~Holz~~ – Keramik – klein – leicht – Metall – rot – grün – schwer – Stoff – teuer – blau – günstig

1. die Größe: _____ , _____
2. die Höhe: _____
3. das Gewicht: _____ , _____
4. der Preis: _____ , _____ , _____
5. die Farbe: _____ , _____ , _____
6. das Material: *Holz* , _____ , _____ , _____ , _____

5.2 Aus welchen Materialien sind die Dinge? Schreiben Sie Sätze zu den Fotos.

  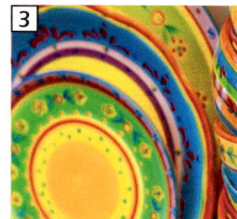  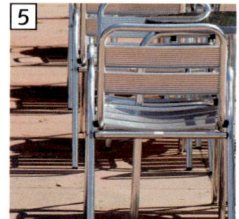

1. Die Schuhe sind aus Holz.

5.3 Diktat. Hören und schreiben Sie. Nutzen Sie die Pausentaste (⏸). 〔1.43〕

5.4 Eine Nachricht auf dem Anrufbeantworter. Hören Sie und notieren Sie die Informationen. 〔1.44〕

	Preis:	Gewicht:	Farbe:	Design:
Laptop 1:				*interessant*
Laptop 2:		*1,1 kg*		

5.5 Wiederholung: Vergleiche. Vergleichen Sie die Laptops aus 5.4. Schreiben Sie drei Sätze.

Laptop 1 ist teurer als …

5.6 Was passt? Ordnen Sie die Sätze zu und ergänzen Sie die Informationen für Ihre Person.

Aha, was kostet der jetzt? – Das ist die 235809 DX. – Oh, das ist günstig. Wann kommt der Laptop? – Nein, am Ende 09, nicht 90. Also 235809 DX. – Danke schön. Auf Wiederhören. – Guten Tag, mein Name ist …, ich möchte einen Laptop bestellen. – Mein Familienname ist …, mein Vorname ist …. Ich wohne in …

👂 Expert-Müller, mein Name ist Jansen, was kann ich für Sie tun?

👄 _____

👂 Gerne, sagen Sie mir bitte die Bestellnummer.

👄 _____

👂 235890 DX?

👄 _____

👂 Ach so, gut, also der 235809 DX, das ist der kleine, rote Laptop. Der ist jetzt im Angebot.

👄 _____

👂 649 Euro.

👄 _____

👂 In ungefähr sechs Tagen. Sagen Sie mir bitte Ihren Namen und Ihre Adresse.

👄 _____

👂 Danke, ich habe die Bestellung notiert.

👄 _____

👂 Auf Wiederhören.

5.7 Karaoke. Hören Sie und sprechen Sie die 👄-Rolle.

5.8 Ergänzen Sie den Bestellschein mit den Informationen aus 5.6.

6 Die schwarzen oder die bunten Stühle?

6 Eine Reklamation

6.1 Gründe für eine Reklamation. Was passt zusammen? Verbinden Sie.

1. Die Farbe ist
2. Ein Artikel
3. Der Artikel ist
4. Ich habe

a falsch bestellt.
b kaputt.
c fehlt.
d falsch.

6.2 Was passt zu welchem Bild? Schreiben Sie die Sätze aus 6.1 zu den Bildern.

Artikel	Farbe	Menge
Tasche	gelb	2

1. _____

Artikel	Menge
Spiegel	1

3. _____

Artikel	Farbe	Menge
Lampe	grün	1

2. _____

Artikel	Menge
Stuhl (Metall)	1

4. _____

6.3 Was reklamieren Herr Diemer und Frau Schuhmann? Lesen Sie und schreiben Sie in Ihr Heft.

Reklamationsgeschichten

Haben Sie schon einmal etwas reklamiert? Hatten Sie Probleme? Schreiben Sie uns.

Ich reklamiere nicht gern. Das macht immer Probleme. Aber im letzten Herbst war ich bei Freunden in Ulm und wir haben die Stadt besichtigt. Leider hat es sehr viel geregnet. Deshalb habe ich Regenschuhe gekauft. Aber schon nach einer Stunde waren meine Füße nass. Die Schuhe waren kaputt. Ich bin sofort zum Geschäft zurückgegangen und habe die Schuhe reklamiert. Aber jetzt war eine andere Verkäuferin dort und sie hat mir nicht geglaubt, dass ich die Schuhe vor einer Stunde gekauft habe. Die Schuhe waren auch nicht mehr sauber. Leider hatte ich die Rechnung nicht mehr. Deshalb habe ich keine neuen Schuhe bekommen. Ich habe mich sehr geärgert!
Paul Diemer, Minden

Ich habe letzte Woche Kleidung im Internet bestellt. Drei blaue T-Shirts, einen roten Pullover und eine schwarze Hose. Ja, und dann habe ich das Paket geöffnet und alles war falsch! Die T-Shirts waren rot und gelb, der Pullover war schwarz und die Hose blau. Und dann war noch ein grüner Rock im Paket. Ich habe sofort angerufen und die Sachen reklamiert. Es war ein Fehler von der Firma. Eine Frau Schumann – ohne h – hat meine Sachen bekommen und ich habe ihre Sachen bekommen. Ich habe dann alles wieder zurückgeschickt und nach zwei Tagen hatte ich die richtigen Sachen. Als Entschuldigung hat mir die Firma drei Paar Socken geschickt. Das war nett. **Svea Schuhmann, Köln**

6.4 Was ist richtig? Lesen Sie noch einmal und kreuzen Sie an.

	richtig	falsch
1. Paul Diemer war beruflich in Ulm.	☐	☐
2. Das Wetter war schlecht.	☐	☐
3. Er hatte keine Probleme mit der Reklamation.	☐	☐
4. Svea Schuhmann hat T-Shirts, einen Pullover und einen Rock bestellt.	☐	☐
5. Im Paket waren T-Shirts, aber sie hatten die falsche Farbe.	☐	☐
6. Die Firma hat ihre Bestellung an die falsche Adresse geschickt.	☐	☐

6

7 Upcycling – ein neuer Möbel-Trend

7.1 Lesen Sie und kreuzen Sie an.

Liebe Freunde,
jetzt bin ich schon eine Woche bei meinen Freunden in Berlin. Sie kennen die Stadt sehr gut, sie wohnen ja schon lange hier. Berlin ist wirklich toll. Ich bin nur ein paar Tage hier, aber ich habe schon viel gesehen. Ich war im Museum, in der Universität, in der Oper und abends in einem Club.
5 Leider haben meine Freunde nicht so viel Zeit, weil sie keinen Urlaub haben. Sie müssen morgens schon früh aufstehen und kommen erst abends wieder zurück. Deshalb mache ich viel allein. Ich besichtige die Stadt oder gehe spazieren.
Am Samstag sind wir zusammen losgegangen und sie haben mir etwas ganz Besonderes gezeigt. Wir waren shoppen. Ja, ich gehe nicht so gern shoppen, aber gestern war das spannend.
10 Wir waren in einem interessanten Geschäft. Dort bauen junge Designer Möbel aus Trolleys. Ihr kennt doch diese Trolleys: Im Flugzeug gibt es dort Getränke. Aber das waren jetzt keine Trolleys mehr, das waren Bücherregale oder ein Schrank für das Badezimmer. Super interessant! Man nennt das Upcycling.
Upcycling finde ich toll, ich habe so etwas noch nie gesehen. Es ist doch schade, dass man so viele
15 Sachen wegwirft, weil man sie nicht mehr braucht. Es gibt viel zu viel Müll, das ist nicht gut für die Umwelt. Man muss nur gute Ideen haben: Dort waren zum Beispiel auch Lampen aus Weinflaschen und Bierflaschen mit einem tollen Design oder alte Stühle aus einem Kino. Die waren echt super. Ich würde gern eine Lampe kaufen, aber das Problem ist, dass ich im Flugzeug nicht so viel Gewicht mitnehmen kann.
So viel aus Berlin. Wie geht es euch? Schreibt mir mal!
20 Liebe Grüße
Mike

---

1. Mike
   a ☐ will in Berlin studieren.
   b ☐ besucht Freunde in Berlin.
   c ☐ wohnt schon lange in Berlin.

2. Seine Freunde
   a ☐ schlafen morgens lange.
   b ☐ müssen arbeiten.
   c ☐ wollen in Urlaub fahren.

3. Am Samstag
   a ☐ haben die Freunde gearbeitet.
   b ☐ hat Mike alleine eingekauft.
   c ☐ sind alle shoppen gegangen.

4. In dem Geschäft
   a ☐ gibt es interessante Möbel.
   b ☐ kann man Getränke kaufen.
   c ☐ kann man Möbel selbst machen.

5. Die Upcycling-Möbel
   a ☐ gefallen Mike nicht.
   b ☐ machen viel Müll.
   c ☐ sind gut für die Umwelt.

6. Mike
   a ☐ hat eine Lampe gekauft.
   b ☐ kann leider keine Lampe kaufen.
   c ☐ findet die Lampen nicht so schön.

7.2 Schreiben Sie eine Antwort an Mike. Schreiben Sie: Wo sind Sie? Kennen Sie Upcycling? Finden Sie es wichtig, dass Möbel gut für die Umwelt sind? Würden Sie gern mit Mike shoppen gehen?

1.46 **Und in Ihrer Sprache?**

Ihre Freundin / Ihr Freund hat eine Nachricht auf dem Anrufbeantworter. Hören Sie die Nachricht. Was soll sie/er tun? Machen Sie Notizen und geben Sie ihr/ihm die wichtigsten Informationen in Ihrer Muttersprache.

Was? – Termin? – Telefon?

neunundsechzig **69**

6 Alles klar?

1 Über Möbel sprechen. Wie finden Sie die Möbel? Schreiben Sie Sätze.

1.
2.
3.

2 Einkaufsdialoge führen. Was passt? Kreuzen Sie an.

Punkte: 6

1. Wie gefällt Ihnen das blaue Sofa?
   a ☐ Das ist nicht schlecht.
   b ☐ Ich suche ein blaues Sofa.

2. Haben Sie auch Stühle aus Metall?
   a ☐ Die Stühle aus Holz sind im Angebot.
   b ☐ Nein, leider nicht. Es tut mir leid.

3. Kann ich Ihnen helfen?
   a ☐ Ja, das kostet nur 299 Euro.
   b ☐ Ja, gern, ich suche eine Lampe.

4. Wie lange dauert die Lieferung?
   a ☐ Die Lieferung kostet 50 Euro.
   b ☐ Ungefähr eine Woche.

Punkte: 4

3 Etwas telefonisch bestellen. Hören und ergänzen Sie. (1.47)

Mode-Shop		BESTELLSCHEIN		Datum: 15.03.2016
Artikel-Nr.	Artikel	Farbe	Menge	Preis/Stk.
LM25909				€

Punkte: 4

4 Etwas telefonisch reklamieren. Was sagen Sie am Telefon? Schreiben Sie Sätze. Die Wörter helfen.

bei Ihnen – kaufen – kaputt sein / falsche Farbe haben – reklamieren – der Spiegel / die Tasche

Artikel	Menge
Spiegel	1

Artikel	Farbe
Tasche	grün

Guten Tag, mein Name ist …
Ich habe ein Problem.
Ich habe …

Punkte: 6

Punkte gesamt
17–20: Super!
11–16: In Ordnung.
 0–10: Bitte noch einmal wiederholen!

6

Seite 48–49

altmodisch

wegwerfen, er/sie wirft weg, er/sie hat weggeworfen

der Teppich, -e

gucken

die Möbel (Pl.)

behalten, er/sie behält, er/sie hat behalten

im Angebot (sein)

Seite 50–51

aus (+Material)

Der Tisch ist aus Glas.

weich

das Gewicht (Sg.)

das Material, -ien

das Glas (Sg.)

das Metall, -e

der Stoff, -e

die Größe, -n

die Höhe, -n

die Keramik (Sg.)

gesamt

der Artikel, -

der Auftrag, -ä-e

der Lieferschein, -e

der Liefertermin, -e

die Bestellung, -en

die Menge, -n

reklamieren

zurückschicken

das Formular, -e

ausfüllen

der Reklamationsschein, -e

abschicken

das Paket, -e

der Absender, -

ergänzen

liefern

der Grund, -ü-e

die Beschreibung, -en

Seite 52–53

der Trolley, -s

kaputtgehen, er/sie ist kaputtgegangen

kreativ

stabil

umweltbewusst

das Holz (Sg.)

das Plastik (Sg.)

der Flugbegleiter, -

die Flugbegleiterin, -nen

Deutsch aktiv 5|6 / Panorama III

sich **wohl**fühlen

der Apparat, -e

Guten Tag, Müller am Apparat.

historisch

das Einkaufszentrum, -zentren

das Parlament, -e

der Franken, -

der Politiker, -

die Politikerin, -nen

die Münze, -n

das Gebäude, -

der Brunnen, -

5|6 Leben in Deutschland

1 Die Kinderbetreuung

a Was passt? Ordnen Sie zu.

die Tagesmutter – die Ganztagsschule – der Hort – die Leihoma

b Was wissen Sie schon über Kinderbetreuung? Machen Sie Notizen zu viert.

Was macht die Person / die Institution? – Wie alt sind die Kinder? –
Wie viel kostet das? – Wann sind die Kinder dort?

Tagesmutter:

Leihoma:

Ganztagsschule:

Hort:

c Lesen Sie, vergleichen Sie mit Ihren Notizen in b und ergänzen Sie die fehlenden Informationen.

Eine **Tagesmutter** arbeitet privat. Sie betreut in ihrem Haus oder in ihrer Wohnung ein bis fünf Kinder. Das sind meistens Kleinkinder von 0 bis 3 Jahren. Eine Tagesmutter kostet etwas mehr als die Krippe / der Kindergarten. Die Kinder sind so viele Stunden dort, wie es die Eltern brauchen.

Eine **Leihoma** ist keine echte Oma. Sie passt auf Kinder auf, aber die Kinder sind nicht ihre Enkelkinder. Die Leihoma hilft den Eltern und betreut die Kinder ein bis zwei Mal pro Woche – meistens ein paar Stunden am Nachmittag. Oft kostet das nichts oder nur wenig. Die Kinder sind unterschiedlich alt – von 0 bis ca. 10 Jahren.

In einer **Ganztagsschule** lernen die Kinder den ganzen Tag, d. h. der Unterricht geht von 8 bis 16 Uhr. Die Kinder lernen dort, machen Hausaufgaben, spielen oder haben andere Hobbys, z. B. lernen sie ein Instrument spielen. Die Ganztagsschulen sind meistens Grundschulen und gehen von der ersten bis zur vierten Klasse. Man muss nichts bezahlen, nur für das Mittagessen.

In den **Hort** gehen Grundschulkinder von 6 bis 10 Jahren. Er ist – meistens – in der Nähe von der Schule. Die Kinder können dort vor und nach der Schule ihre Hausaufgaben machen, spielen und basteln. Der Hort hat oft auch in den Ferien geöffnet. Er kostet unterschiedlich: Verdienen die Eltern wenig? Dann bezahlen Sie wenig. Verdienen die Eltern viel? Dann bezahlen Sie mehr.

d Wählen Sie zu viert eine Betreuungsmöglichkeit und sammeln Sie Vor- und Nachteile. Stellen Sie die Betreuungsmöglichkeit im Kurs vor.

> **Vor- und Nachteile beschreiben**
>
> **Vorteile**
> Für mich ist positiv, dass …
> Der Vorteil ist, dass …
> Gut ist, dass …
> Für mich ist am wichtigsten, dass …
>
> **Nachteile**
> Der Nachteil ist, dass …
> Ich finde nicht gut, dass …
> Für mich ist negativ, dass …
> Schlecht ist, dass …

2 Einen Platz finden

a Wo ruft Frau Grimmich an? Hören Sie und kreuzen Sie an.

1. ☐ in einer Krippe
2. ☐ bei einer Leihoma
3. ☐ im Kindergarten
4. ☐ in der Ganztagsschule
5. ☐ bei einer Tagesmutter
6. ☐ im Hort

b Wer hat was gesagt? Hören Sie noch einmal und notieren Sie. Sprechen Sie dann im Kurs.

Frau Boie = B   Frau Laue = L   Herr Fritz = F

1. Ich darf maximal fünf Kinder betreuen.
2. Die Kinder haben von 8 bis 16 Uhr Unterricht.
3. Wir haben von 7 bis 8 und dann von 14 bis 18 Uhr geöffnet.
4. Ich betreue Schulkinder nur in den Ferien.   *B*
5. In den Sommerferien ist der Hort vier Wochen zu.
6. Die Kinder machen die Hausaufgaben in der Schule.

> *Frau Boie hat gesagt, dass …*

c Wählen Sie eine Betreuungsmöglichkeit und schreiben Sie zu zweit einen Dialog. Spielen Sie dann den Dialog im Kurs.

Sie suchen einen Platz für Ihre Tochter / Ihren Sohn. Sie/Er ist drei Jahre alt.
Sie brauchen ab sofort einen Platz – von 9 bis 16 Uhr.

Tagesmutter	Tagesmutter	Kindergarten
ein Platz ab sofort	ein Platz ab sofort	drei Plätze ab sofort
0 bis 4 Jahre	2 bis 5 Jahre	3 bis 6 Jahre
ganztags	nur vormittags	ganztags

> \+ Guten Tag, Kindergarten Piraten. Sie sprechen mit …
> – Guten Tag, mein Name ist … Ich suche einen Platz für unsere Tochter. Sie …

3 Die Klassenfahrt

a Informationen zur Klassenfahrt. Hören Sie und machen Sie Notizen.

Wohin? nach Ofterschwang (Bayern): ...
Wann?   von ... bis ...
Wie viel? ...

b Die Eltern haben Sorgen. Welche Sorgen nennen sie? Hören Sie und sprechen Sie im Kurs.

Eine Tochter hat eine Nussallergie.

c Hören Sie noch einmal und lesen Sie. Ergänzen Sie die Sätze.

▷ Haben Sie noch Fragen?
▷ Ja, meine Tochter hat eine Nussallergie. Das ist wirklich gefährlich. Ich habe Angst, dass sie ihre Medikamente nicht gleich findet.
▷ Seien Sie bitte nicht besorgt. Ich schreibe mir das gleich noch auf und passe auf.
▷ Ich fürchte, dass die Jungs den ganzen Abend mit ihren Handys spielen. Wie wollen Sie das kontrollieren?
▷ Ich sammle am ersten Tag alle Handys ein. Die Kinder bekommen sie dann nur einmal am Tag für eine Stunde.
▷ Meine Tochter hat schnell Heimweh. Ich bin besorgt, dass sie viel weint und die ganze Zeit nach Hause möchte.
▷ Die Kinder haben meistens nur kurze Zeit Heimweh und dann ist es wieder gut. Aber wir rufen Sie natürlich an.

1. Die Mutter hat Angst, dass *die Tochter ...*
2. Der Vater fürchtet, dass _____
3. Die Mutter ist besorgt, dass _____

d Wie kann man Sorgen ausdrücken? Lesen Sie noch einmal und ergänzen Sie die Redemittel.

> **Sorgen/Ängste ausdrücken**
> Ich habe _____, dass/weil ...
> Ich bin _____, dass/weil ...
> Ich _____, dass ...

e Und Sie? Kennen Sie die Sorgen in b? Welche Sorgen haben Sie? Sprechen Sie im Kurs.

Ich habe Angst, dass ...

4 Das Geld für die Klassenfahrt

a Was ist das Problem? Lesen Sie den Chat und sprechen Sie im Kurs.

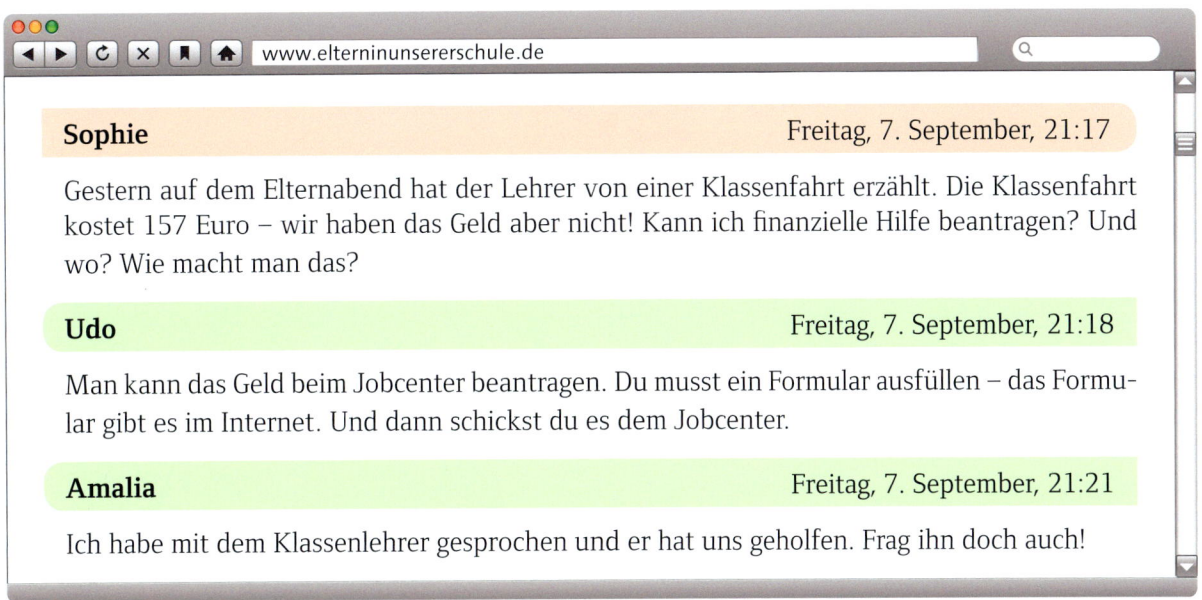

b Welche Tipps bekommt Sophie? Lesen Sie noch einmal und notieren Sie.

c Lesen Sie die Informationen und vergleichen Sie mit den Tipps in b. Schreiben Sie einen kurzen Chat-Text an Sophie und geben Sie ihr auch einen Tipp.

 Bekommen Sie Geld von der Arbeitsagentur („Hartz IV")? Dann zahlt sie die Klassenfahrt. Man muss das Geld beantragen. Aber auch für andere Eltern mit Geldproblemen gibt es oft Hilfe: Die Schulen haben meistens Schulfonds und können das Geld für Klassenfahrten nehmen. Konkrete Informationen bekommt man im Schulsekretariat.

Lernwortschatz

Seite 72–73

die Kinderbetreuung (Sg.)

die Tagesmutter, -ü-

die Leihoma, -s

die Ganztagsschule, -n

der Hort, -e

    betreuen

    aufpassen

    geöffnet haben

    zuhaben

Seite 74–75

die Klassenfahrt, -en

weinen

Heimweh haben

Vor- und Nachteile beschreiben

Vorteile	Nachteile
Für mich ist positiv, dass …	Der Nachteil ist, dass …
Der Vorteil ist, dass …	Ich finde nicht gut, dass …
Gut ist, dass …	Für mich ist negativ, dass …
Für mich ist am wichtigsten, dass …	Schlecht ist, dass …

Sorgen/Ängste ausdrücken

Ich habe Angst, dass/weil …

Ich bin besorgt, dass/weil …

Ich fürchte, dass …

7 Wohin kommt das Sofa?

1 Wo liegt … ?

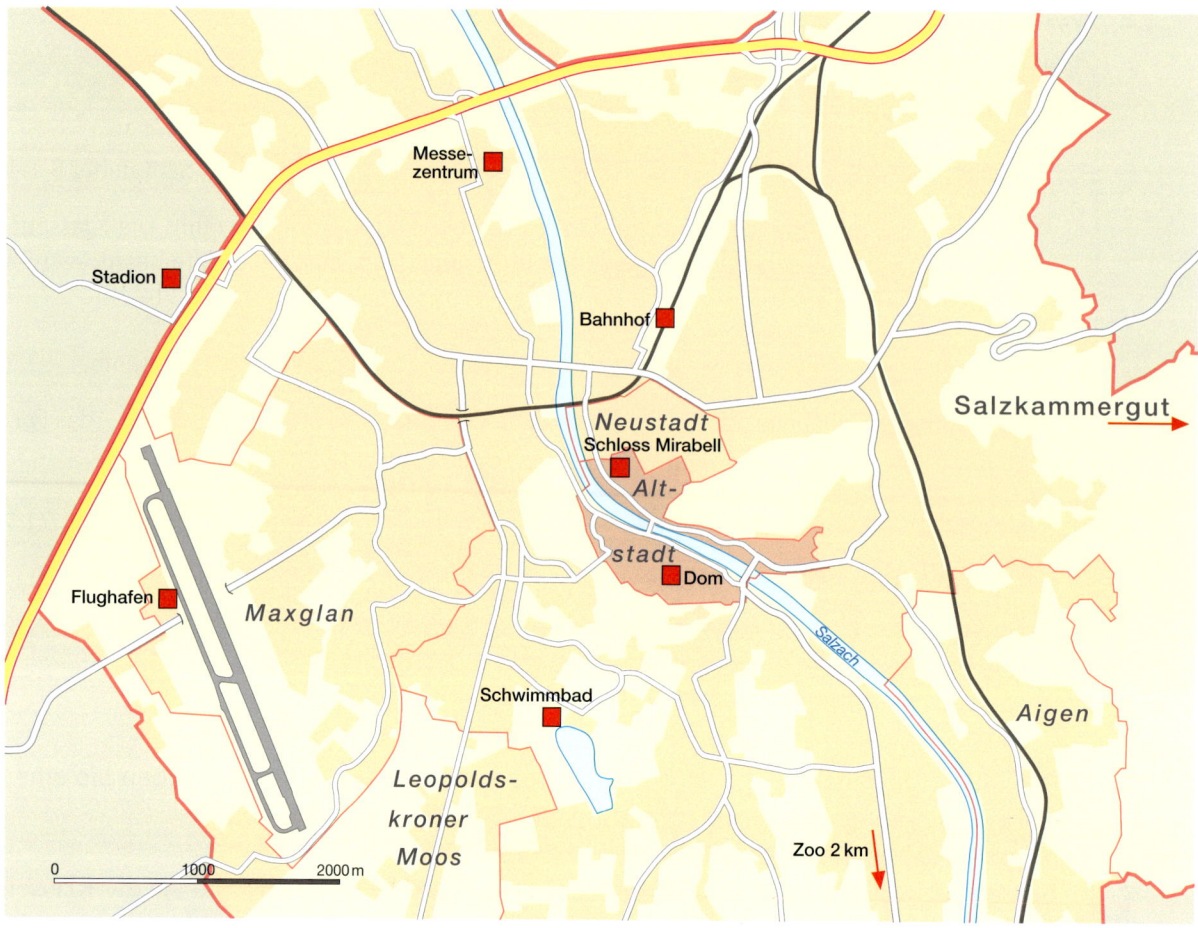

1.1 Was ist richtig? Kreuzen Sie an. Korrigieren Sie dann die falschen Sätze.

	richtig	falsch
1. Maxglan liegt nördlich von der Altstadt.	☐	☐
2. Das Schloss Mirabell liegt im Zentrum östlich vom Fluss.	☐	☐
3. Der Zoo liegt westlich vom Zentrum.	☐	☐
4. Die Ferienregion Salzkammergut liegt südlich von Salzburg.	☐	☐

1.2 *Im Norden* oder *nördlich*? Was passt nicht? Streichen Sie die falsche Antwort durch.

1. Der Bahnhof liegt *nördlich / im Norden* von der Altstadt.
2. Das Leopoldskroner Moos liegt *südlich / im Süden* von Salzburg.
3. Das Stadion liegt *westlich / im Westen* von Salzburg.
4. Aigen liegt *östlich / im Osten* vom Leopoldskroner Moos.

1.3 Wo liegt …? Schreiben Sie Antworten.

1. das Messezentrum? (*Salzburg*) *Das Messezentrum liegt im Norden von Salzburg.*
2. die Altstadt? (*Salzburg*) _____
3. der Dom? (*Altstadt*) _____
4. der Flughafen? (*Maxglan*) _____

2 Eine Wohnung suchen

2.1 Wohnungssuche. Was passt? Ergänzen Sie den Dialog.

Altbauwohnung – bequem – günstiger – in der Nähe von – auf dem Land – Mieten – ~~ruhig~~ – verkehrsgünstig – zentral

💬 Ich suche eine Wohnung. Sie soll *ruhig* liegen: Die Stadt ist zu laut für mich.

👍 Wirklich? Ich möchte lieber _____ wohnen, in einer schönen _____ im Zentrum.

💬 Hmm, aber so eine Wohnung ist teuer: Die _____ sind sehr hoch. Außerhalb sind die Wohnungen _____, dann hat man mehr Geld für andere Dinge.

👍 Ja, aber _____ braucht man ein Auto. Das ist auch teuer.

💬 Man kann auch außerhalb eine Wohnung finden, die _____ liegt. Meine Tante wohnt in Elsbethen, das ist _____ Salzburg. Dort gibt es die S-Bahn und den Bus: Man ist in 20 Minuten im Zentrum. Das ist sehr _____ .

2.2 Welche Wohnung passt zu wem? Finden Sie die Wohnungen auf der Karte in 1.1 und ordnen Sie zu.

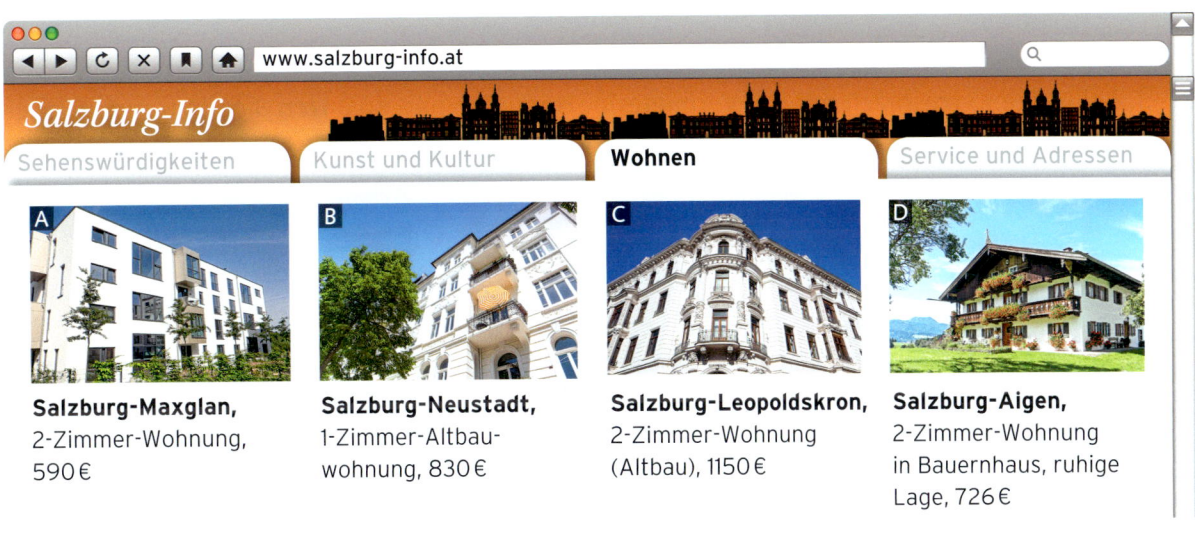

Alex aus Kanada
Ich suche eine Wohnung im Zentrum: Da ist immer viel los. Ich mag am liebsten alte Wohnungen.

Li aus China
Ich suche eine moderne Wohnung. Sie muss verkehrsgünstig liegen, aber nicht im Zentrum. Das ist zu stressig.

Pavel aus Polen
Ich suche eine günstige, ruhige Wohnung. Am liebsten etwas außerhalb. Ich gehe gern am Fluss spazieren.

2.3 Und Sie? Wo und wie wohnen Sie? Wohnen Sie gern dort? Warum (nicht)? Schreiben Sie einen kurzen Text.

Meine Wohnung liegt im ...

7 Wohin kommt das Sofa?

3 Wohnungsanzeigen

3.1 Was ist das? Ergänzen Sie.

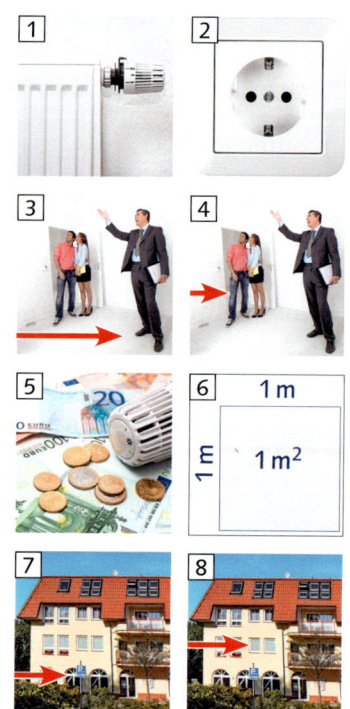

3.2 Ein Telefongespräch mit der Vermieterin. Hören Sie und ergänzen Sie die Informationen.

	Wohnung 1	Wohnung 2
Größe:	____ m², ____ Zimmer	____ m², ____ Zimmer
Miete:	____ €	____ € (warm)
Nebenkosten:	____ €	____ €
Termin:	heute, ____ Uhr	morgen, ____ Uhr
Adresse:	Beethovenstraße ____	Heilbrunner Allee ____

4 Wohnungssuche. Karaoke. Hören Sie und sprechen Sie die 👄-Rolle.

👂 ...
👄 Grüß Gott. Mein Name ist ... Ich interessiere mich für die Wohnung in Salzburg-Süd. Ist sie noch frei?
👂 ...
👄 Aha. Und wie hoch sind die Nebenkosten?
👂 ...
👄 90 Euro, das geht noch. Kann ich die Wohnung besichtigen?
👂 ...
👄 Ja, 20 Uhr ist in Ordnung. Wie ist die Adresse?
👂 ...
👄 Gut, danke. Bis morgen dann. Auf Wiederhören.
👂 ...

5 Rudi und Tanja ziehen um.

5.1 Wiederholung: Lokale Präpositionen. Was passt? Ergänzen Sie.

an – auf – ~~hinter~~ – in – neben – über – unter – vor – zwischen

Der Schlüssel ist ... dem Blumentopf.

1. *hinter* 2. 3. 4. 5.
6. 7. 8. 9. *den Blumentöpfen*

5.2 Wiederholung: *Wo?* + Dativ. Wo stehen/liegen/hängen die Dinge? Schreiben Sie Sätze.

1. die Fahrräder *(die Kiste und der Sessel)*
2. das Spielzeug *(die Kiste)*
3. die Kiste *(das Fenster)*
4. der Tisch *(die Kiste)*
5. die Kaffeemaschine *(der Tisch)*
6. die Stühle *(der Tisch)*
7. das Bild *(das Sofa, die Wand)*
8. der Computer *(der Sessel)*
9. die Bücher *(das Sofa)*
10. der Fernseher *(das Sofa)*

1. Die Fahrräder stehen zwischen der Kiste und ...

5.3 Und Ihr Zimmer/Ihre Wohnung? Wie sieht Ihr Zimmer/Ihre Wohnung aus? Schreiben Sie einen kurzen Text.

Ich wohne in einer kleinen Wohnung. Die Wohnung ...

7 Wohin kommt das Sofa?

6 Wechselpräpositionen mit Akkusativ: Wohin?

6.1 Was passt? Ergänzen Sie.

in den (3x) – in die – ins (3x) – an die – auf den – auf das (2x) – über das – zwischen die

💬 Die Bücher kommen *ins* Arbeitszimmer. Und die kleine Lampe?

👍 Ja, die kleine Lampe kommt auch _____ Arbeitszimmer, _____ Schreibtisch.

💬 Und das Spielzeug?

👍 Das kommt _____ Kinderzimmer _____ Bett.

💬 _____ Bett?

👍 Ja, ich kann es dann später aufräumen.

💬 Alles klar. Und die Kaffeemaschine kommt _____ Küche, ja?

👍 Ja, _____ Schrank.

💬 Und die Fahrräder? Soll ich sie _____ Garten bringen?

👍 Nein, nein. Die Fahrräder kommen natürlich _____ Keller.

💬 Das Bild kommt _____ Schlafzimmer, richtig?

👍 Ja, _____ Bett.

💬 Hm, ich habe gedacht, es kommt _____ zwei Fenster _____ Wand.

👍 Okay, wie du willst.

6.2 Wohin kommen die Dinge? Hören Sie und antworten Sie wie im Beispiel.

1. So, die Fahrräder sind im Garten. *(der Keller)*
2. So, der Computer steht auf dem Küchentisch. *(der Schreibtisch)*
3. So, die Lampe steht neben der Kaffeemaschine. *(die Pflanze)*
4. So, das Sofa steht zwischen den Regalen. *(die Fenster, Plural)*
5. So, die Kiste mit den Büchern steht jetzt im Schlafzimmer. *(das Arbeitszimmer)*

> Im Garten? Aber die Fahrräder kommen in den Keller!

6.3 Wo stehen oder liegen die Dinge? Wohin kommen sie? Schreiben Sie Sätze.

1.
3.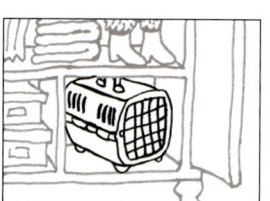
2.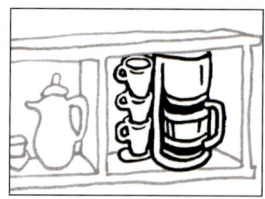
4.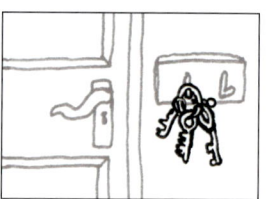

1. Der Computer …

7 Und die Katze? Wohin ist die Katze gelaufen?

7.1 Welcher Betreff passt? Lesen Sie die E-Mail und kreuzen Sie an.

Von:	tanjaschubert@web.de
An:	birgitwieser@gmx.net
Betreff:	a ☐ Endlich umgezogen b ☐ Immer Ärger mit Mitzi

Liebe Birgit,

heute sind wir umgezogen. Die alte Wohnung war zu klein für uns, weil Laura jetzt größer ist und ein eigenes Zimmer braucht. Wir haben viele Anzeigen gelesen und endlich eine nette Altbauwohnung gefunden: im dritten Obergeschoss mit Blick auf den Park.

5 Gestern haben wir alles in Kisten gepackt – die Kleider, die Bücher und das viele Spielzeug. Heute Morgen haben wir zuerst gefrühstückt und dann haben wir lange gewartet. Das Möbelauto ist zu spät gekommen. Um halb neun war das Auto immer noch nicht da, also haben wir gewartet … und gewartet.

Um elf Uhr ist das Möbelauto endlich gekommen. Herr Meier und Herr Dogan haben alles
10 schnell in den Wagen gebracht. Mitzi ist in ihrer Katzenbox auch im Möbelauto mitgefahren, weil unser kleines Auto mit dem Gepäck und den Kindern schon zu voll war.

Am neuen Haus waren unsere Sachen schon auf der Straße vor dem Haus. Dann hat Rudi den neuen Schlüssel gesucht. Nach zehn Minuten hat er ihn endlich gefunden. Er war in der Kiste mit den Büchern. Rudi hat das vergessen. Ich war echt sauer.

15 Herr Dogan und Herr Meier haben dann die Möbel nach oben in die Wohnung gebracht. Plötzlich habe ich gesehen, dass Mitzi nicht mehr in der Katzenbox war. Oh je! Ist unsere liebe Katze weggelaufen? Zum Glück nicht. Das intelligente Tier hat selbst den Weg in die Wohnung gefunden. Sie hat zuerst ihre eigene „Besichtigung" in allen Zimmern gemacht und dann ist sie auf unser Bett gesprungen und dort eingeschlafen. Ende gut, alles gut!

20 Und wie geht es dir? Schreib doch mal!

Liebe Grüße
deine Tanja

7.2 Was ist richtig? Lesen Sie noch einmal und kreuzen Sie an.

1. Tanja und ihre Familie sind umgezogen, weil …
   a ☐ die alte Wohnung zu wenige Zimmer hatte.
   b ☐ Lauras altes Zimmer zu klein war.
   c ☐ sie neben dem Park wohnen wollen.

2. Sie haben am Morgen lange gewartet, weil …
   a ☐ die neue Wohnung noch nicht fertig war.
   b ☐ Rudi noch gefrühstückt hat.
   c ☐ das Möbelauto zu spät gekommen ist.

3. Mit dem Möbelauto sind …
   a ☐ Rudi, Tanja und Herr Meier gefahren.
   b ☐ Herr Meier, Herr Dogan und Mitzi gefahren.
   c ☐ die Kinder und das Gepäck gefahren.

4. Tanja hat sich geärgert, weil …
   a ☐ die Möbel und Kisten auf der Straße waren.
   b ☐ Rudi die Kiste mit den Büchern ausgepackt hat.
   c ☐ Rudi den Schlüssel nicht sofort gefunden hat.

5. Die Katze …
   a ☐ hat in der Katzenbox geschlafen.
   b ☐ ist im Möbelauto geblieben.
   c ☐ ist durch die Wohnung gelaufen.

7 Wohin kommt das Sofa?

8 Eine Wohnung einrichten

8.1 Möbel kaufen. Hören Sie und zeichnen Sie die Möbel in den Plan ein.

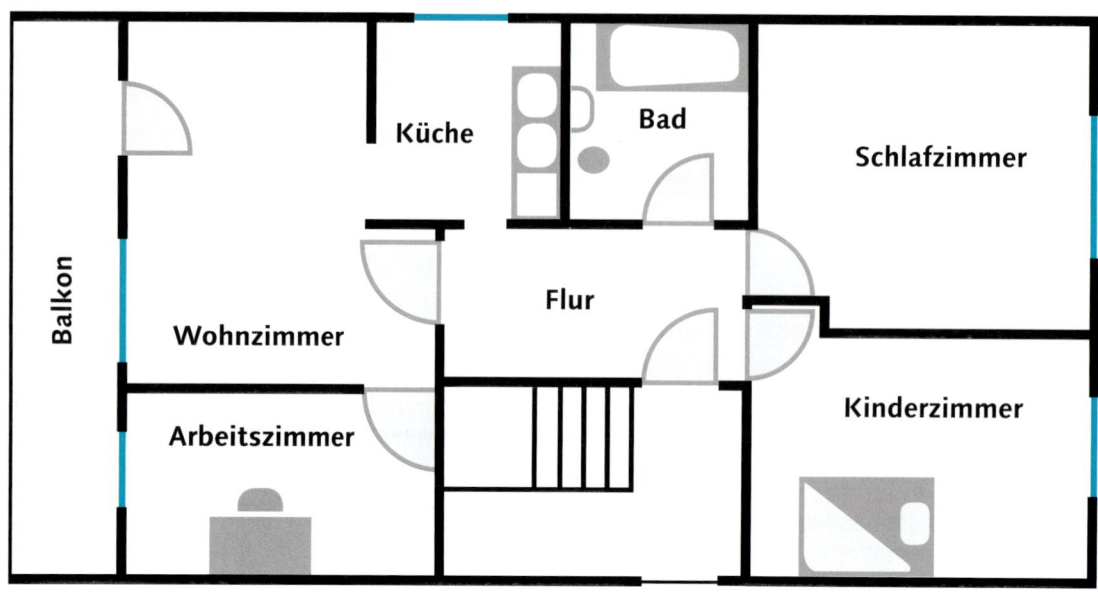

das blaue Sofa – der schwarze Sessel – der große Schrank – der kleine Schrank – die große Lampe

8.2 Wohin kommen die Möbel? Schreiben Sie Sätze zu den Möbeln in 8.1.

1. *Das blaue Sofa kommt ins Wohnzimmer unter das Fenster.*
2.
3.
4.
5.

9 Das schwarze Brett in unserem Haus

9.1 Was passt? Ergänzen Sie.

Haustier – verschenke – vorbeikommen – Einweihungsparty – besorgen – Bauarbeiten

1. Einladung: Wir sind umgezogen und machen eine _____.
2. Grillfest: Bringen Sie bitte Fleisch mit, wir _____ Brot und Getränke.
3. Das Restaurant ist morgen geschlossen, weil _____ stattfinden: Es bekommt eine neue Küche.
4. Hunde und Katzen sind im Haus verboten, aber ein kleines, ruhiges _____ wie ein Meerschweinchen ist in Ordnung.
5. Sofa kostenlos! Ich _____ ein modernes, fast neues Sofa.
6. Sie dürfen Ihr Fahrrad nicht in den Flur stellen: Man kann nicht _____.

82 zweiundachtzig

9.2 Zwei Anzeigen am schwarzen Brett. Was passt zusammen? Ordnen Sie die Teile und schreiben Sie die Anzeigen in Ihr Heft.

a Liebe Grüße Anna Schmidt (3. OG)

b Geburtstagsparty!!

c Liebe Nachbarn! Lassen Sie die Haustür bitte nicht offen.

d Die Party ist von 18 bis 21 Uhr im Hof. Bringen Sie bitte Salate mit, wir besorgen Getränke und Fleisch.

e Fremde Menschen können ins Haus kommen.

f Vielen Dank für Ihre Hilfe! Udo u. Gertha Meier

g Mein Mann David hat am Samstag seinen 60. Geburtstag. Wir möchten mit euch/Ihnen feiern!

9.3 Diktat. Hören und ergänzen Sie. Benutzen Sie die Pausentaste (⏸).

3-Zimmer-Wohnung in Berlin-Kreuzberg – _____ !

_____ nach Brasilien. Möchten Sie _____ in Berlin wohnen? Die Wohnung ist _____ und hat drei Zimmer. Ich will keine Miete bekommen, aber Sie müssen _____ : _____ , _____ und _____ . Ich habe auch _____ , einen Hund, „Rollo". _____ . Sie müssen mit ihm dreimal am Tag spazieren gehen. Was noch? Bitte _____ und räumen Sie manchmal auf. Das ist alles. Sind Sie interessiert? Dann _____ : _____ .

Und in Ihrer Sprache?

Ihre Chefin / Ihr Chef sucht eine Wohnung in München. Sie/Er versteht wenig Deutsch. Erklären Sie ihr/ihm die Anzeigen in Ihrer Muttersprache.

1.
4-Zimmer-Wohnung (DG) in München-Bogenhausen: 135m², zentral, U-Bahn in der Nähe, Blick über den Englischen Garten, 1.250 € + NK, www.immobayern.de

2.
3-Zimmer-Wohnung in München-Grünwald: EG mit Garten, 117m², sehr ruhig, 20 Minuten mit dem Auto ins Zentrum, 1.395 € warm, Tel. 089/2828446

dreiundachtzig **83**

7 Alles klar?

1 Über die Lage von Orten sprechen. Wo liegt das? Verbinden Sie.

1. Das Museum liegt
2. Das Schloss liegt
3. Der Flughafen liegt
4. Der Bahnhof liegt
5. Das Schwimmbad liegt
6. Die Information liegt

a außerhalb von Neustadt.
b im Norden von Neustadt.
c im Süden von Neustadt.
d östlich von Neustadt.
e in der Nähe vom Museum.
f im Zentrum.

Punkte 6

2 Über die Wohnsituation sprechen. Schreiben Sie vier Sätze mit den Wörtern.

nördlich vom Zentrum – Miete: günstig – ruhig – in der Nähe vom Bahnhof

1. Die Wohnung …

Punkte 4

3 Einen Besichtigungstermin vereinbaren. Schreiben Sie Fragen zu den Antworten.

1. 💬 _____ 👍 Ja, die Wohnung im Ostend ist noch frei.
2. 💬 _____ 👍 Die Miete ist sehr günstig: 580 Euro.
3. 💬 _____ 👍 30 Euro für Wasser und Strom und 35 Euro für die Heizung.
4. 💬 _____ 👍 Heute Abend um 19:30 Uhr.
5. 💬 _____ 👍 In der Leopoldstraße 92, im Erdgeschoss.

Punkte 5

4 Erklären, wohin etwas kommt. Lesen Sie die Notizen und beantworten Sie die Fragen.

1. Wohin kommt der Fernseher?
2. Wohin kommt der Sessel?
3. Wohin kommen die Bücher?
4. Wohin kommt das Spielzeug?
5. Wohin kommt der Spiegel?
6. Wohin kommen die Fahrräder?

Fernseher → Wohnzimmer: auf Tisch
Sessel → Wohnzimmer: zw. Tür + Fenster
Bücher → Arbeitszimmer: unter Schreibtisch
Spielzeug → Kinderzimmer: auf Regal
Spiegel → Bad: an Wand
Fahrräder → Keller: neben Schrank

1. Der Fernseher kommt ins Wohnzimmer auf den Tisch.

Punkte 5

Punkte gesamt
17–20: Super!
11–16: In Ordnung.
0–10: Bitte noch einmal wiederholen!

Seite 58–59

der Dom, -e

das Stadion, -s

der Zoo, -s

    außerhalb

    Meine Wohnung liegt außerhalb.

    los sein

    Auf dem Land ist nicht viel los.

    verkehrsgünstig

der Fluglärm (Sg.)

    stören

    Der Fluglärm stört mich.

die Altbauwohnung, -en

die Miete, -n

    Wie hoch ist die Miete?

das Dachgeschoss (DG), -e

das Obergeschoss (OG), -e

der Mieter, -

die Mieterin, -nen

der Strom (Sg.)

der Vermieter, -

die Vermieterin, -nen

die Einbauküche (EBK), -n

die Nebenkosten (NK) (Pl.)

die Betriebskosten (Pl.)

    in Ordnung (sein)

    monatlich

    Ich bezahle monatlich 60 Euro Nebenkosten.

    (sich) interessieren

    Ich interessiere mich für die Wohnung.

Seite 60–61

die Katzenbox, -en

die Kiste, -n

das Spielzeug (Sg.)

der Sessel, -

der Keller, -

Seite 62–63

    Achtung!

    besorgen

    bitten, er/sie hat gebeten

    stellen

    verschenken

    vorbeikommen, er/sie kommt vorbei, er/sie ist vorbeigekommen

    weglaufen, er/sie läuft weg, er/sie ist weggelaufen

das Meerschweinchen, -

die Bauarbeiten (Pl.)

das Verständnis (Sg.)

    Ich bitte um Ihr Verständnis.

das Würstchen, -

der Finderlohn, -ö-e

der Hof, -ö-e

der Kinderwagen, -

der Mitbewohner, -

die Mitbewohnerin, -nen

    fremd

    schließen, er/sie hat geschlossen

    wegfliegen, er/sie ist weggeflogen

8 Lebenslinien

1 Wie war das früher?

1.1 Die Schulzeit. Was passt? Ergänzen Sie.

böse – ~~erinnere~~ – Hof – Klasse – hat ... geliehen – streng – haben ... unterhalten – Unterricht

1. Ich *erinnere* mich gut an meine Schulzeit. Das war so:
2. Der _____ hat immer um acht Uhr begonnen.
3. In meiner _____ waren 35 Kinder.
4. Die Schule _____ den Kindern die Bücher _____.
5. Meine Lehrer waren sehr _____.
6. Wir _____ uns nur ganz leise _____.
7. _____ Kinder mussten sich in die Ecke stellen.
8. Die Pausen waren am besten, da haben wir im _____ gespielt.

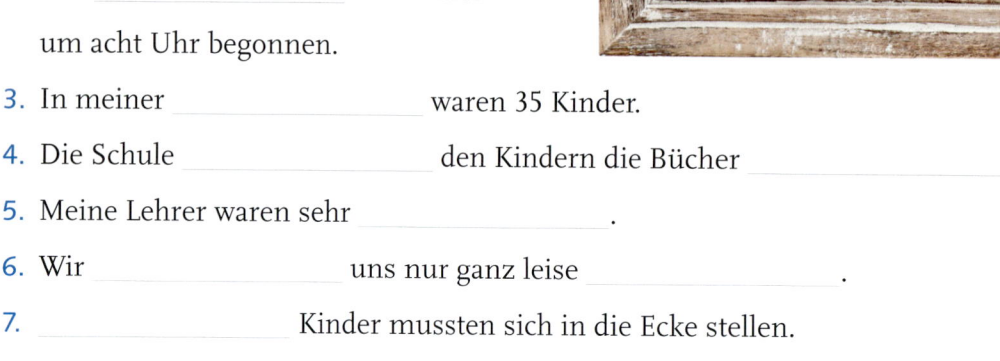

1.2 Zwei Erinnerungen. Welche Geschichte passt zu wem? Hören Sie und ordnen Sie zu.

Ich war sehr gern in der Schule. Nur eine Lehrerin habe ich nicht gemocht.

Thomas, 54

Ich bin zuerst nicht so gern zur Schule gegangen. Aber Lesenlernen war toll!

Ben, 34

1.3 Thomas oder Ben oder beide? Hören Sie noch einmal und kreuzen Sie an.

	Thomas	Ben
1. Mit unseren Mützen konnten uns die Autofahrer besser sehen.	☐	☐
2. Mein Schulweg war ziemlich lang.	☐	☐
3. Ich bin zu Fuß zur Schule gegangen. Das war immer sehr lustig.	☐	☐
4. Am Anfang wollte ich nicht zur Schule gehen.	☐	☐
5. Unsere Klasse war sehr groß.	☐	☐
6. Die anderen Schüler mussten mir oft etwas leihen.	☐	☐
7. Meine erste Lehrerin war sehr gut.	☐	☐
8. Schreiben und Lesen hat Spaß gemacht.	☐	☐
9. Der Musikunterricht hat mir nicht gefallen.	☐	☐

2 Modalverben im Präteritum: Ich musste damals zu Fuß gehen.

2.1 Wiederholung: Modalverben im Präsens.
Müssen, können oder *dürfen*? Ergänzen Sie.

💬 Ich *muss* noch die neuen Wörter lernen. _____ ihr mir helfen?

👍 Du hast sie noch nicht gelernt? Warum denn nicht?

💬 Ich war gestern im Kino.

👍 Was? Du _____ in der Woche ins Kino gehen? Ich _____ das nicht. Meine Eltern sind sehr streng.

👍 Ja, zu streng! Du bist doch schon 15. Du _____ mit deinen Eltern sprechen.

👍 Ja, aber das ist nicht so einfach.

💬 Wir helfen dir. Wir kommen morgen zu dir. Dann sagen wir, dass wir mit dir ins Kino gehen wollen und sie _____ nicht einfach „Nein" sagen.

👍 Okay, wir _____ es probieren.

2.2 Modalverben im Präteritum. Ergänzen Sie die Tabelle.

	wollen	müssen	können	dürfen	sollen
ich	wollte		konnte		sollte
du				durftest	
er/es/sie		musste			
wir					sollten
ihr	wolltet				
sie/Sie			konnten		

2.3 *Wir mussten* oder *Wir durften*? Ergänzen Sie den Satzanfang.

1. _____ schon nach zwei Wochen allein zur Schule gehen. Das war toll.
2. _____ immer ganz leise sein.
3. _____ im Musikunterricht immer laut „Guten Morgen" singen. Blöd, oder?
4. _____ im Musikunterricht tanzen. Das war toll. Ich liebe Tanzen!
5. _____ morgens immer zuerst aufstehen.
6. _____ immer alles fragen. Unsere Lehrerin war wirklich nett.

8 Lebenslinien

2.4 Ein Gespräch: *müssen, wollen, dürfen* oder *können?* Ergänzen Sie die Modalverben im Präteritum.

💬 _Wolltest_ du nach dem Kindergarten gern zur Schule gehen?

👍 Oh ja, ich _____ sehr gern zur Schule gehen. Ich _____ schon meinen Namen schreiben, aber ich _____ auch sehr gern lesen lernen.

💬 Hat deine Mutter dich zur Schule gebracht oder bist du allein gegangen?

👍 Ich habe einen Bruder. Er ist zwei Jahre älter und ich _____ leider immer mit ihm zusammen gehen. Aber ich _____ viel lieber mit meinen Freundinnen gehen.

💬 Wie war das am Anfang? Kannst du dich an die erste Zeit erinnern?

👍 Ja, ich weiß noch, dass wir zuerst immer aufstehen _____ und alle zusammen „Guten Morgen" gesagt haben. Aber unsere Lehrerin war nicht sehr streng. In ihrem Unterricht haben wir oft gespielt und wir _____ uns auch unterhalten. Bei den anderen Lehrern _____ wir immer leise sein.

💬 Was war im ersten Schuljahr am schönsten?

👍 Am schönsten war, dass ich schon bald selbst Bücher lesen _____ und dass ich gute Freundinnen gefunden habe. Das war eine schöne Zeit.

💬 _____ ihr euch auch zu Hause besuchen?

👍 Na ja, manchmal _____ wir uns besuchen, aber meistens haben wir draußen gespielt. Nur bei Regen _____ ich zu Hause bleiben. Das war sehr langweilig.

3 Und Sie? Was durften, konnten, mussten Sie früher (nicht)?

3.1 Hören Sie die Fragen und antworten Sie wie im Beispiel.

1. Durften Sie bei Regen Eis essen?
2. Durften Sie einen eigenen Fernseher haben?
3. Durften Sie abends Freunde treffen?
4. Durften Sie ein Handy haben?
5. Mussten Sie im Winter eine Mütze tragen?
6. Mussten Sie in der ersten Klasse Hausaufgaben machen?

Ja, ich durfte bei Regen Eis essen.

Nein, ich durfte bei Regen kein Eis essen.

3.2 Schließen Sie das Buch. Hören Sie noch einmal und antworten Sie.

3.3 Hören Sie und reagieren Sie wie im Beispiel. Variieren Sie Ihre Antworten.

Was? – Wie bitte? – Wirklich? – Unglaublich! – Das kann doch nicht sein! – Das ist nicht wahr!

Ich durfte auch im Winter Eis essen.

Wirklich? Du durftest auch im Winter Eis essen?

3.4 Was konnten oder durften Sie als Kind (nicht) tun? Schreiben Sie Sätze.

Ich durfte als Kind ...

4 Menschen mit interessanten Lebensläufen

4.1 Schule in Deutschland. Was macht man wann? Ordnen Sie zu.

das Abitur machen – zur Grundschule gehen – auf das Gymnasium gehen –
in den Kindergarten gehen – zur Realschule gehen – an der Universität studieren

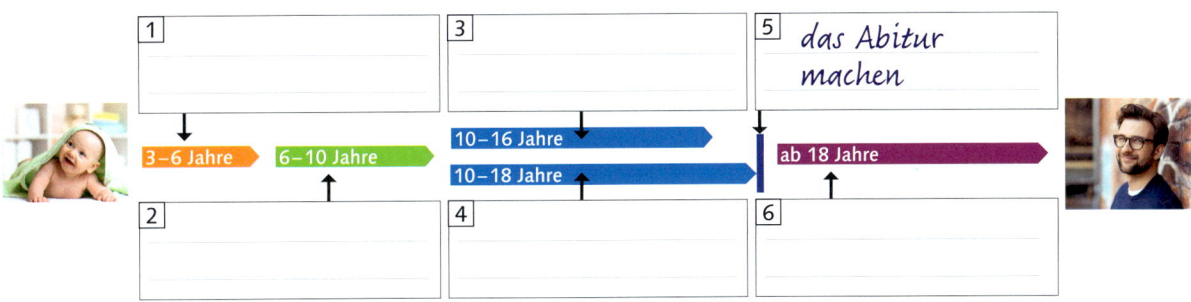

4.2 Wörter zum Lebenslauf. Was ist das? Ergänzen Sie.

→
1. Die Kinder in einer Klasse sind die ...
2. Ihr Geburtstag ist am 12. Juli.
   Sie ist am 12. Juli 1965 ...
3. Einen Beruf lernen: Eine ... machen.
4. An der Universität macht man ein ...
5. Eine „Eins" im Test ist eine sehr gute ...

↓
6. Von der 1. bis zur 4. ... geht man zur Grundschule.
7. Am Ende vom Schuljahr bekommt man ein ...
8. Etwas im Leben funktioniert richtig gut.
   Man hat ...
9. Mit guten Noten kann man von der Realschule aufs Gymnasium ...

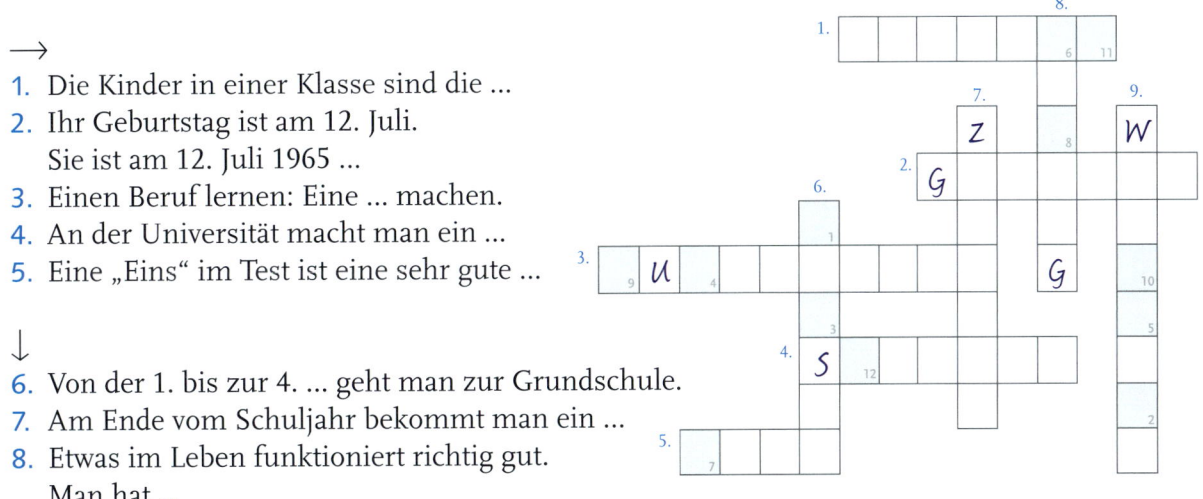

Lösung:

8 Lebenslinien

4.3 Zwei Lebensläufe. Welches Foto passt zu wem? Hören Sie und ordnen Sie zu.

a ☐ Marina Meierfeld
b ☐ Katja Brunner

4.4 Hören Sie noch einmal und ergänzen Sie.

LEBENSLAUF
Marina Meierfeld

geboren am
14.02. _____

Schule und Berufsausbildung:

1996–2004: Gymnasium

_____ : Abitur (Note: 2,4)

2004–2007: _____
zur Dekorateurin

Berufserfahrungen:

2007–2011: Dekorateurin in einem
Möbelgeschäft

seit 2011: _____

Lebenslauf
von Katja Brunner

geboren am 1. Juni _____

Schule und Studium

_____ : Abitur (Note: 1,5)

1992–1999: _____ und
_____ studiert

Berufserfahrungen

1999–2015: _____
an einer Realschule

2015–heute: _____

5 Wortbildung: Nomen auf *-heit, -keit, -ung*. Wie heißt das Nomen? Ordnen Sie zu.

Krankheit – Hoffnung – Bestellung – ~~Süßigkeit~~ – Heizung – ~~Entschuldigung~~ – Wohnung – Gesundheit – Kindheit – Einladung

Nomen auf *-ung*:
1. sich entschuldigen – *die Entschuldigung*
2. wohnen – _____
3. bestellen – _____
4. einladen – _____
5. hoffen – _____
6. heizen – _____

Nomen auf *-heit* und *-keit*:
7. süß – *die Süßigkeit*
8. gesund – _____
9. krank – _____
10. Kind – _____

8

6 Und Sie? Welche Ausbildung haben Sie?

6.1 Birgittas Lebenslauf. Schreiben Sie Sätze über Brigittas Leben.

an der Universität Kunst studieren – die Realschule besuchen – nicht so gute Noten haben – eine Ausbildung zur Sachbearbeiterin machen – zur Grundschule gehen – eine Stelle in einem Museum bekommen und heute Ausstellungen organisieren

Von 1993 bis 1997 ist Birgitta zur Grundschule gegangen, danach hat sie von …

6.2 Diktat. Hören und ergänzen Sie. Nutzen Sie die Pausentaste (⏸).

Von 1993 bis 1997 bin ich _____. Danach habe ich _____ die Realschule besucht. Ich hatte _____. Deshalb konnte ich _____. Meine Eltern wollten, dass ich _____.
Das war sehr langweilig. 2004 habe ich dann _____ und bin _____. Bis 2009 _____. Seit 2011 _____ und organisiere Ausstellungen.

6.3 Und Ihr Lebenslauf? Ergänzen Sie.

👂 …
👄 Ich bin von _____ bis _____ zur Schule gegangen.
👂 …
👄 Meine Noten waren _____. Meine Lehrer waren _____.
👂 …
👄 Ich habe eine Ausbildung zum/zur _____ gemacht. /
   Ich habe _____ studiert.

6.4 Karaoke. Hören Sie und sprechen Sie die 👄-Rolle.

8 Lebenslinien

7 Boulevard der Stars: Marlene Dietrich. Lesen Sie und kreuzen Sie an.

Marlene Dietrich auf der Berlinale

Marlene Dietrich im Film *Blonde Venus* (1932)

In diesem Jahr kann man auf der Berlinale – dem großen Filmfestival in Berlin – vom 11. bis zum 22. Februar alle Marlene-Dietrich-Filme sehen.
In Berlin hat der Erfolg von Marlene Dietrich begonnen. Sie ist 1901 hier geboren und hat in den 1920er Jahren in vielen Filmen gespielt. Typisch für Marlene Dietrich waren ihre langen Beine, ihre besondere Stimme und ihre Anzüge. Marlene Dietrich hat Hosen für Frauen in den 1930er Jahren zur Mode gemacht. 1930 hatte die deutsche Schauspielerin und Sängerin die Hauptrolle im Film *Der blaue Engel*. Der Film hatte auch in den USA großen Erfolg und so hat Marlene Dietrich in Hollywood mit bekannten Schauspielern wie Gary Cooper oder Spencer Tracey in vielen Filmen gespielt.

1939 hat Marlene Dietrich die US-amerikanische Nationalität bekommen. Sie wurde US-Amerikanerin. Ab den 1950er Jahren hat Marlene Dietrich auch sehr viel als Sängerin gearbeitet. 1978 hat sie ihren letzten Film gemacht. Danach hat sie bis 1992 in Paris gelebt. Lernen Sie die Filme von Marlene Dietrich kennen. Sie finden das Filmprogramm unter *www.marlene-dietrich-berlinale.de*. Besuchen Sie vor oder nach einem Film doch auch die Marlene-Dietrich-Ausstellung im Film- und Fernsehmuseum. Es ist auch am Potsdamer Platz, also gleich neben dem Berlinale-Kino.

1. Auf der Berlinale …
   a ☐ hat Marlene Dietrichs Erfolg begonnen.
   b ☐ ist Marlene Dietrich schon aufgetreten.
   c ☐ zeigt man Marlene-Dietrich-Filme.

2. In den 1920er Jahren …
   a ☐ hat Marlene Dietrich nicht gern Hosen getragen.
   b ☐ hat Marlene Dietrich als Schauspielerin gearbeitet.
   c ☐ ist Marlene Dietrich geboren.

3. Ab den 1930er Jahren hat Marlene Dietrich …
   a ☐ mit Gary Cooper gelebt.
   b ☐ in Hollywood Filme gemacht.
   c ☐ nur noch als Sängerin gearbeitet.

4. Marlene Dietrich war …
   a ☐ Deutsche.
   b ☐ US-Amerikanerin.
   c ☐ zuerst Deutsche, dann US-Amerikanerin.

5. Das Film- und Fernsehmuseum ist in …
   a ☐ Berlin.
   b ☐ Potsdam.
   c ☐ Paris.

8 Die Star-Galerie

8.1 Til Schweiger. Was passt? Ergänzen Sie.

Erfolg – umgezogen – Abitur – verheiratet – Arbeit – geboren – Fernsehserien – Studium – ~~Schauspieler~~ – Ausbildung – Brüder

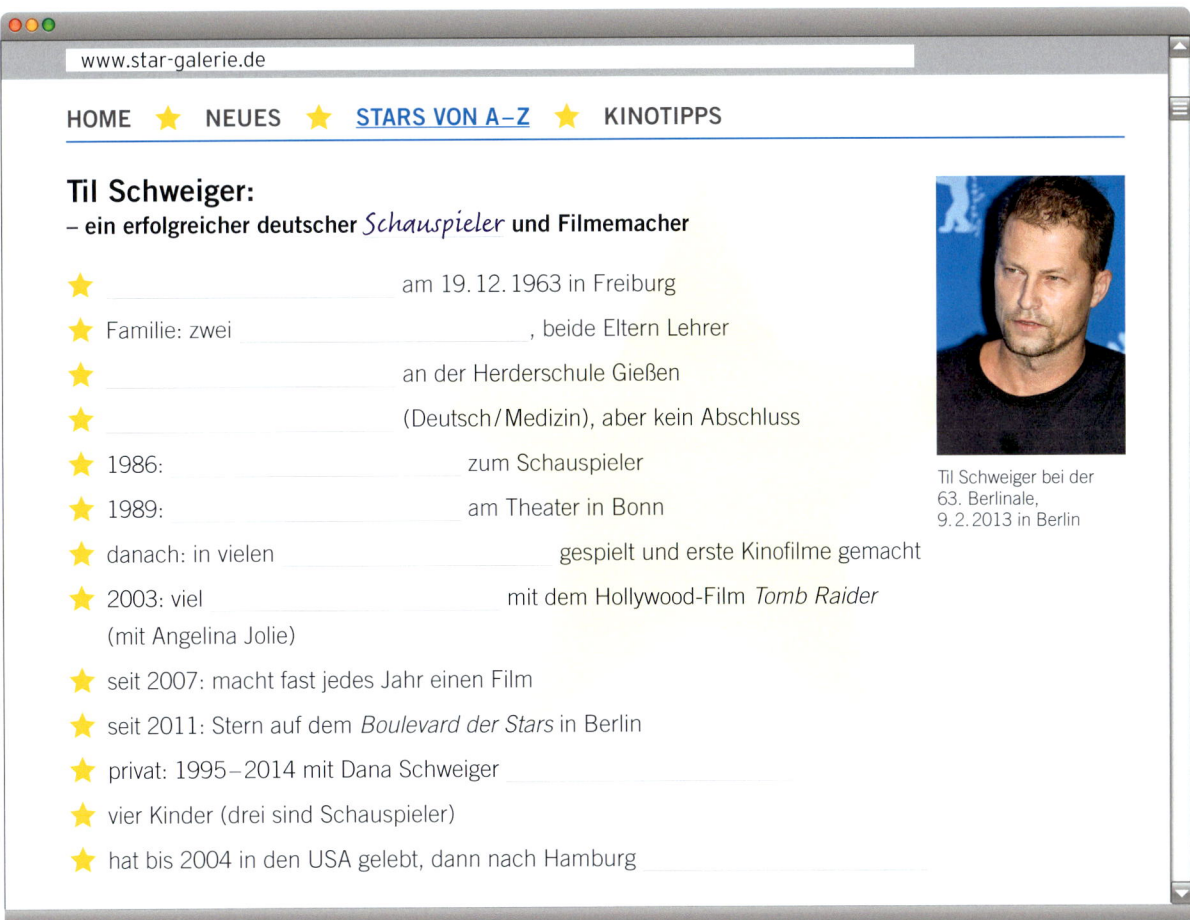

Til Schweiger bei der 63. Berlinale, 9.2.2013 in Berlin

www.star-galerie.de

HOME ★ NEUES ★ STARS VON A–Z ★ KINOTIPPS

Til Schweiger:
– ein erfolgreicher deutscher *Schauspieler* und Filmemacher

★ _____ am 19.12.1963 in Freiburg
★ Familie: zwei _____, beide Eltern Lehrer
★ _____ an der Herderschule Gießen
★ _____ (Deutsch/Medizin), aber kein Abschluss
★ 1986: _____ zum Schauspieler
★ 1989: _____ am Theater in Bonn
★ danach: in vielen _____ gespielt und erste Kinofilme gemacht
★ 2003: viel _____ mit dem Hollywood-Film *Tomb Raider* (mit Angelina Jolie)
★ seit 2007: macht fast jedes Jahr einen Film
★ seit 2011: Stern auf dem *Boulevard der Stars* in Berlin
★ privat: 1995–2014 mit Dana Schweiger
★ vier Kinder (drei sind Schauspieler)
★ hat bis 2004 in den USA gelebt, dann nach Hamburg _____

8.2 Lesen Sie den Steckbrief und schreiben Sie einen Text über Til Schweiger.

Til Schweiger ist ein erfolgreicher deutscher Schauspieler und Filmemacher. Er ist am …

Und in Ihrer Sprache?

1 Lesen Sie noch einmal den Steckbrief über Til Schweiger. Welche Informationen finden Sie besonders interessant? Was hat Sie überrascht? Markieren Sie in 8.1.
2 Berichten Sie einer Freundin/einem Freund in Ihrer Muttersprache.

8 Alles klar?

1 Über seine Schulzeit und Kindheit erzählen. Schreiben Sie Fragen zu den Antworten.

1. _____
   Nein, mein Schulweg war nicht sehr lang. Nur zehn Minuten zu Fuß.

2. _____
   Oh ja, wir mussten viele Hausaufgaben machen.

3. _____
   Nein, meine erste Lehrerin war nicht streng. Sie war sehr nett.

4. _____
   Nein, als Kind durfte ich bei Regen nicht draußen spielen.

5. _____
   Ja, ich musste viel im Haushalt helfen. Jeden Tag.

6. _____
   Nein, wir hatten keine Computer in der Schule.

Punkte: 6

2 Über Biografien und Ausbildung sprechen.

2.1 Bringen Sie die Sätze in die richtige Reihenfolge.

a ☐ Von 1987 bis 1991 bin ich zur Goetheschule gegangen.
b ☐ Meine Noten waren gut und deshalb bin ich danach auf das Gymnasium gegangen.
c ☐ Ich bin 1981 geboren.
d ☐ 1999 habe ich das Gymnasium erfolgreich abgeschlossen.
e ☐ Jetzt arbeite ich seit 13 Jahren in einer großen Bank in Frankfurt.
f ☐ Im Herbst 1999 habe ich eine Ausbildung bei einer Bank begonnen.
g ☐ Im Gymnasium habe ich die erste Reise mit meiner Klasse gemacht.
h ☐ 2002 war ich mit der Ausbildung fertig und habe eine Stelle bekommen.

Punkte: 4

2.2 Was passt zu welchem Satz in 2.1? Ordnen Sie zu.

1. ☐ das Abitur machen
2. ☐ zur Grundschule gehen
3. ☐ ein gutes Zeugnis haben
4. ☐ eine Ausbildung abschließen
5. ☐ auf Klassenfahrt fahren
6. ☐ eine Ausbildung machen

Punkte: 6

3 Erstaunen ausdrücken. Ergänzen Sie die Sprechblasen.

1. Ich durfte jeden Tag zwei Eis essen!
2. Ich musste nie Hausaufgaben machen.

Punkte: 4

Punkte gesamt
17–20: Super!
11–16: In Ordnung.
0–10: Bitte noch einmal wiederholen!

Seite 64–65

die Schulzeit (Sg.)
die Kindheit (Sg.)
    böse
    damals
    ehemalig
    leihen, er/sie hat geliehen
    streng
das Papier, -e
der Leser, -
die Leserin, -nen
die Ecke, -n
die Klasse, -n
    sich erinnern
    Sie erinnert sich noch gut an ihre Kindheit.
    (sich) unterhalten, er/sie unterhält, er/sie hat unterhalten
    wahr
    wissen, er/sie weiß, er/sie hat gewusst

Seite 66–67

    geboren (sein)
    Sie ist am 14.06.1995 in Wien geboren.
    teilnehmen, er/sie nimmt teil, er/sie hat teilgenommen
    wechseln
das Gymnasium, Gymnasien
das Schwimmbad, -ä-er
das Studium (Sg.)
das Zeugnis, -se
der Autor, -en
die Autorin, -nen
der Einwanderer, -
die Einwanderin, -nen
der Komponist, -en
die Komponistin, -nen
der Muslim, -e
die Muslimin, -nen
der Zufall, -ä-e
die Ausbildung, -en
    Er macht eine Ausbildung zum Designer.

die Band, -s
die Hauptrolle, -n
die Hauptschule, -n
die Klassenfahrt, -en
die Realschule, -n
    abschließen, er/sie hat abgeschlossen

der Abschluss, -ü-e
die Grundschule, -n
die Note, -n

Seite 68–69

    möglich
    österreichisch
das Filmfestival, -s
der Filmemacher, -
die Filmemacherin, -nen
der Stein, -e
die Hauptstadt, -ä-e
    sterben, er/sie stirbt, er/sie ist gestorben

Deutsch aktiv 7|8 / Panorama IV

    extra

7|8 Leben in Deutschland

1 Die Nebenkosten

a Was gehört zu den Nebenkosten? Hören Sie und kreuzen Sie an.

Kosten für ...

den Müll · das Wasser · das Essen · die Hausversicherung · Radio und Fernsehen
den Fahrstuhl · den Hausmeister · den Winterdienst · den Strom · die Heizung

b Was denken Sie: Was gehört noch zu den Nebenkosten? Sprechen Sie im Kurs.

Ich denke, dass die Kosten für den Hausmeister auch zu den Nebenkosten gehören.

Ich weiß, dass ...

c Lesen Sie und vergleichen Sie mit Ihren Antworten in b.

 Für eine Wohnung oder ein Haus bezahlt man Miete – die Kaltmiete. Zum Wohnen braucht man aber mehr: Heizung, Strom und Wasser. Und das muss man auch bezahlen. Das sind die Nebenkosten. Zu den Nebenkosten gehören auch noch die Kosten für den Müll, die Hausversicherung, den Hausmeister, den Fahrstuhl und den Winterdienst. Zusammen mit der Kaltmiete nennt man das Warmmiete. Die ist dann viel höher als die Kaltmiete.

Man zahlt jeden Monat eine Summe für die Nebenkosten. Das ist die Vorauszahlung. Am Jahresende bekommt man eine Nebenkostenabrechnung. Dort steht, wie viel Strom, Wasser, Heizung usw. man im ganzen Jahr gebraucht hat und wie viel man zahlen muss. Hat man zum Beispiel viel Strom benutzt? Dann muss man Geld nachzahlen, d. h. noch etwas mehr Geld bezahlen. Oder man hat wenig Strom benutzt, dann bekommt man Geld zurück.

d Was ist richtig? Lesen Sie noch einmal und kreuzen Sie an.

	richtig	falsch
1. Die Kaltmiete ist das Geld für Heizung, Strom, Wasser usw.	☐	☐
2. Die Warmmiete ist die Miete mit allen Nebenkosten.	☐	☐
3. Jeden Monat zahlt man eine Vorauszahlung für die Nebenkosten.	☐	☐
4. Am Jahresende muss man immer Geld nachzahlen.	☐	☐

e Gibt es auch in Ihrem Heimatland Nebenkosten? Was gehört dort zu den Nebenkosten? Wie funktioniert das? Sprechen Sie im Kurs.

2 Jans Nebenkostenabrechnung

a Zu welchen Nebenkosten sagt Jan etwas? Lesen Sie und ordnen Sie zu.

1 Im Winter hatten wir doch keinen Schnee. Wieso muss ich mehr zahlen?

2 Die Versicherung für das Haus ist auch teurer geworden.

3 Ich soll nächstes Jahr monatlich 30 Euro mehr zahlen. Oh je!

4 Ich habe doch für das ganze Jahr so viel gezahlt: 1440 Euro!

5 Die Kosten für den Müll sind niedriger als im letzten Jahr – toll!

6 Warum müssen wir, die Mieter, auch die Steuer für das Haus zahlen?

Nebenkostenabrechnung

Betriebskosten	Gesamthaus	Ihre Wohnung 2015	Ihre Wohnung 2014
Grundsteuer	175,00 €	55,68 €	54,96 €
Haftpflichtversicherung	85,00 €	27,05 €	26,70 €
Müllgebühren	155,23 €	75,14 €	77,62 €
Hauslicht, -strom, -heizung	80,00 €	26,45 €	24,69 €
Hausmeister	- €	- €	- €
Winterdienst	160,00 €	50,91 €	49, 55 €

Kosten für Ihre Wohnung		Ihre Wohnung 2015	Ihre Wohnung 2014
Wasser		500,66 €	400,11 €
Heizung		700,00 €	750,00 €
Strom		560,00 €	217,98 €

Gesamtkosten für Ihre Wohnung 2015	1.995,87 €
monatliche Vorauszahlung	120,00 €
Gesamtvorauszahlung (Anzahl der Monate: 12)	1.440,00 €
Ihre Nachzahlung	555,87 €
neue Vorauszahlung	150,00 €

b Was ist höher, was ist niedriger als im letzten Jahr? Lesen Sie und sprechen Sie im Kurs.

Die Müllgebühren sind niedriger als im Jahr 2014.

c Wo kann Jan sparen? Sprechen Sie zu zweit.

Jan hat viel ... benutzt. Hier kann er sparen.

3 Was müssen Sie alles bezahlen? Bringen Sie Ihre Nebenkostenabrechnung mit und sprechen Sie im Kurs.

Ich zahle für ...

Wir haben keinen Winterdienst. Das müssen wir selbst machen.

siebenundneunzig

4 Der Stromwechsel

a Was muss man machen? Welches Bild passt? Lesen Sie und ordnen Sie zu.

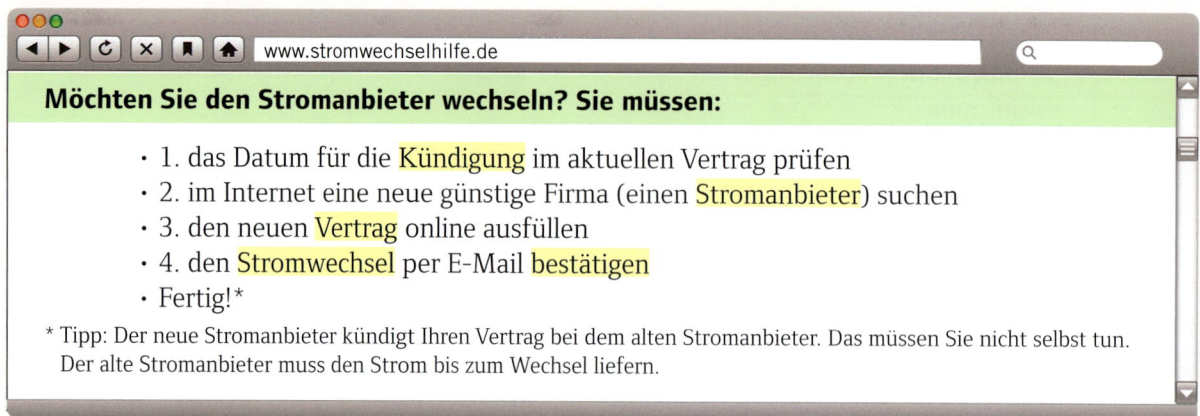

  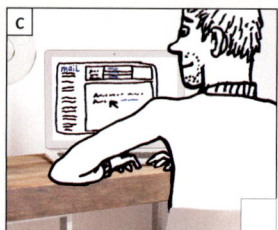 

b Welche Wörter aus dem Text passen? Ordnen Sie die markierten Wörter zu.

1. ein Dokument zwischen zwei Partnern: *der* _____
2. man beendet mit diesem Brief einen Vertrag: _____
3. die Firma produziert und liefert Strom: _____
4. erklären, dass etwas richtig ist: _____
5. man ändert den Stromanbieter: _____

c Was passt? Lesen Sie und ergänzen Sie die Sätze.

Vertrag ausfüllen – den Stromanbieter wechseln – einen Anbieter suchen – Vertrag kündigen

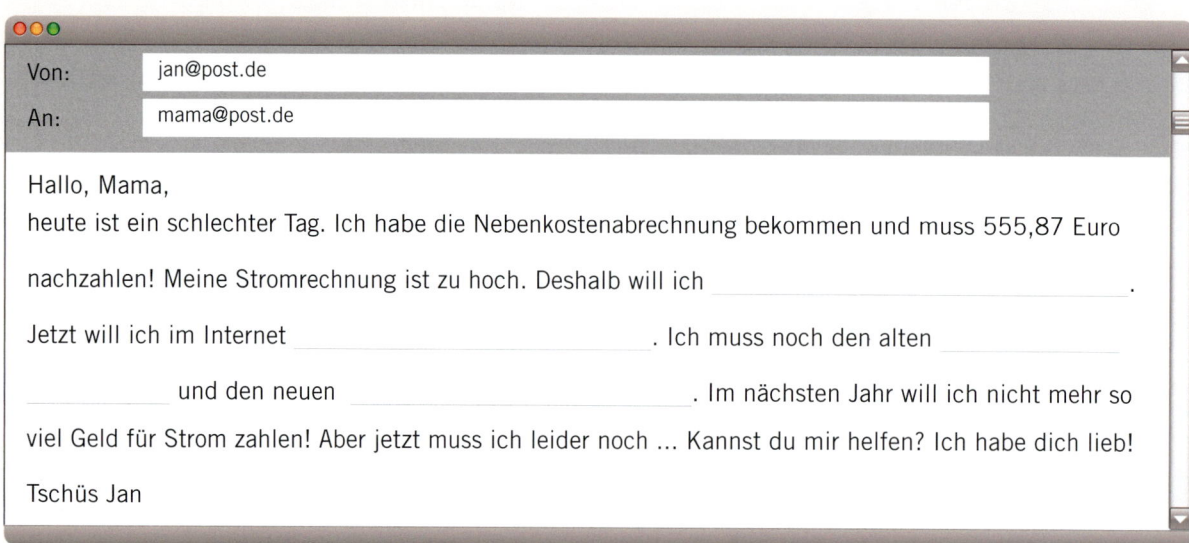

5 Kein Strom mehr

a Was hat Steve vergessen? Hören Sie, vergleichen Sie mit 4a und sprechen Sie im Kurs.

b Was sagt Steve? Ergänzen Sie. Der Redemittelkasten hilft. Hören Sie dann noch einmal und kontrollieren Sie Ihre Lösung.

💬 Und haben Sie den Wechsel bestätigt? Haben Sie uns noch eine E-Mail geschickt?

👍 Äh, nein ... Ich glaube, _____.
Mein Deutsch ist nicht so gut. „Bestätigen" – was heißt das genau?

💬 Sie müssen uns noch einmal eine E-Mail schicken und dort schreiben Sie, dass Sie wirklich wechseln wollen.

👍 Oh, Entschuldigung, _____. Und jetzt?

💬 Kein Problem. Ich helfe Ihnen.

> **Missverständnisse ausdrücken**
> Entschuldigung, das habe ich nicht gewusst.
> Ich habe nicht gewusst, dass ...
> Oh, das ist ein Missverständnis.
> Ich glaube, ich habe da etwas falsch verstanden / ich habe Sie falsch verstanden.

c Und Sie? Hatten Sie auch schon ein Problem mit einem Missverständnis? Berichten Sie im Kurs.

Ich bin einmal ...   *Ich hatte früher ...*

Lernwortschatz

Seite 96–97

die Nebenkosten (Pl.)

die Versicherung, -en

der Fahrstuhl, -ü-e

der Hausmeister, -

der Winterdienst (Sg.)

die Kaltmiete, -n

die Warmmiete, -n

    nachzahlen

die Vorauszahlung, -en

die Nebenkostenabrechnung, -en

die Steuer, -n

Seite 98–99

die Kündigung, -en

der Stromanbieter, -

den Stromanbieter wechseln

der Vertrag, -ä-e

der Stromwechsel (Sg.)

    bestätigen

Missverständnisse ausdrücken
Entschuldigung, das habe ich nicht gewusst.
Ich habe nicht gewusst, dass ...
Oh, das ist ein Missverständnis.
Ich glaube, ich habe da etwas falsch verstanden /
ich habe Sie falsch verstanden.

G Grammatik

Wörter

1 Verben im Präsens

1.1 Regelmäßige Verben

▶ Singular **A1**, E 1, S. 13; Plural **A1**, E 2, S. 17

Infinitiv:	kommen	heißen	arbeiten
ich	komme	heiße	arbeite
du	kommst	heißt	arbeitest
er/es/sie	kommt	heißt	arbeitet
wir	kommen	heißen	arbeiten
ihr	kommt	heißt	arbeitet
sie/Sie	kommen	heißen	arbeiten

Bei Verben mit d oder t vor der Endung: 2. und 3. P. Sg und 2. P. Pl. + e.
du arbeitest, er arbeitet

Bei Verben mit s, ss, ß, x oder z vor der Endung: 2. P. Sg. ohne s.
Heißt du Mia?

Die Sie-Form ist wie die Plural-Form.

Wie heißen sie?
Sie heißen Monika und Valerie.

Wie heißen Sie?
Ich heiße Klaus Müller.

1.2 Verben mit Vokalwechsel

▶ **A1**, E 5, S. 42

Infinitiv:	a → ä fahren	e → ie lesen	e → i treffen	au → äu laufen
ich	fahre	lese	treffe	laufe
du	fährst	liest	triffst	läufst
er/es/sie	fährt	liest	trifft	läuft
wir	fahren	lesen	treffen	laufen
ihr	fahrt	lest	trefft	lauft
sie/Sie	fahren	lesen	treffen	laufen
genauso:	schlafen (du schläfst, er/sie schläft), einladen (du lädst ein, er/sie lädt ein) ...	sehen (du siehst, er/sie sieht) ...	sprechen (du sprichst, er/sie spricht), essen (du isst, er/sie isst), nehmen (du nimmst, er/sie nimmt), helfen (du hilfst, er/sie hilft) ...	

1.3 Unregelmäßige Verben

▶ *sein* und *mögen* **A1**, E 1, S. 13 und E 2, S. 17; *haben* und *möchten* **A1**, E 4, S. 34; *werden* **A2**, E 2, S. 20; *wissen* **A2**, E 8, S. 64

Infinitiv:	sein	mögen	haben	möchten	werden	wissen
ich	bin	mag	habe	möchte	werde	weiß
du	bist	magst	hast	möchtest	wirst	weißt
er/es/sie	ist	mag	hat	möchte	wird	weiß
wir	sind	mögen	haben	möchten	werden	wissen
ihr	seid	mögt	habt	möchtet	werdet	wisst
sie/Sie	sind	mögen	haben	möchten	werden	wissen

1.4 Trennbare Verben

▶ A1, E5, S.45

		Position 2		Satzende
ab|holen	Wir	holen	mittags die Kinder	ab.
	Mittags	holen	wir die Kinder	ab.
W-Frage:	Wann	holst	du die Kinder	ab?
Perfekt:	Wir	haben	mittags die Kinder	abgeholt.

	Position 1	Position 2		Satzende
Ja/Nein-Frage:	Holst	du	mittags die Kinder	ab?
Imperativ:	Hol		bitte mittags die Kinder	ab!

genauso: **an**fangen (er/sie fängt an), **auf**hören (er/sie hört auf), **auf**räumen (er/sie räumt auf), **aus**gehen (er/sie geht aus), **ein**laden (er/sie lädt ein), **kennen**lernen (er/sie lernt kennen), **mit**bringen (er/sie bringt mit), **mit**kommen (er/sie kommt mit), **um**steigen (er/sie steigt um), **weg**fahren (er/sie fährt weg), **zurück**schicken (er/sie schickt zurück) …

1.5 Modalverben

▶ *wollen* und *müssen* A1, E7, S.60; *können* A1, E8, S.65; *sollen* A1, E15, S.122; *dürfen* A1, E15, S.125

Infinitiv:	wollen	müssen	können	sollen	dürfen
ich	will	muss	kann	soll	darf
du	willst	musst	kannst	sollst	darfst
er/es/sie	will	muss	kann	soll	darf
wir	wollen	müssen	können	sollen	dürfen
ihr	wollt	müsst	könnt	sollt	dürft
sie/Sie	wollen	müssen	können	sollen	dürfen

	Position 2 Modalverb		Satzende Infinitiv
Er	will	für Franzi	kochen.
Sie	muss	heute	arbeiten.
Sie	kann	am Samstag	kommen.
Hier	darf	man nicht	rauchen.
Der Mann	soll	die nächste Straße links	fahren.

1.6 Reflexive Verben

▶ A2, E5, S.43

 Er kämmt sich.  Er kämmt seine Kundin.

genauso: (sich) ansehen, (sich) anziehen, (sich) ärgern, (sich) ausziehen, (sich) rasieren, (sich) schminken, (sich) waschen …

Ich beeile mich.
Wie fühlst du dich in deinem Alltag?
Rudi ärgert sich.

Wollen wir uns mal wieder treffen?
Ihr entschuldigt euch.
Die Kinder streiten sich.

genauso: sich erholen, sich freuen …

Grammatik

1.7 Höfliche Bitte: *könnte-* ▶ A2, E 2, S. 18

Könnten Sie mir bitte helfen?
Könntest du mir helfen?
Könntet ihr eine Flasche Wein mitbringen?

1.8 *würde- gern* + Infinitiv ▶ A1, E 16, S. 129

ich	würde
du	würdest
er/es/sie	würde
wir	würden
ihr	würdet
sie/Sie	würden

würde- + gern + *Infinitiv* ≈ möchten + *Infinitiv*

Ich würde gern ausgehen. ≈ Ich möchte ausgehen.

	Position 2		Satzende
Sandra	würde	gern lange	schlafen.
Im Urlaub	würden	wir gern einen Tauchkurs	machen.

1.9 Imperativ

Imperativ formell ▶ A1, E 12, S. 96

(Sie machen oft Sport.)	(Sie nehmen ab)	**Nehmen Sie** (doch) **ab**!
	(Sie vergessen)	**Vergessen Sie** das Lachen nicht!
Machen Sie oft Sport!	(Sie sind)	**Seien Sie** viel draußen!

Imperativ informell ▶ A1, E 12, S. 97

du:	(du gehst)	**Geh** (doch) ins Fitnessstudio!	(du bist)	**Sei** doch nicht faul!
	(du isst)	**Iss** viel Obst!	(du hast)	**Hab** keine Angst!
	(du nimmst ab)	**Nimm** (doch) **ab**!	(du schläfst)	**Schlaf** gut!
ihr:	(ihr geht)	**Geht** (doch) spazieren!	(ihr seid)	**Seid** viel draußen!
	(ihr esst)	**Esst** nicht zu viel Fett!	(ihr habt)	**Habt** Geduld!
	(ihr nehmt ab)	**Nehmt** (doch) **ab**!	(ihr schlaft)	**Schlaft** nicht zu lange!

2 Verben in der Vergangenheit

2.1 Präteritum von *sein* und *haben* ▶ Präteritum von *sein* A1, E 6, S. 51; von *haben* A1, E 8, S. 67

Infinitiv:	**sein**	**haben**
ich	war	hatte
du	warst	hattest
er/es/sie	war	hatte
wir	waren	hatten
ihr	wart	hattet
sie/Sie	waren	hatten

Im Februar hatte ich Urlaub.

Schön! Und wo warst du?

Ich war in Wien und in Innsbruck.

2.2 Modalverben im Präteritum

▶ A2, E 8, S. 65

Infinitiv	wollen	müssen	können	dürfen	sollen
ich	wollte	musste	konnte	durfte	sollte
du	wolltest	musstest	konntest	durftest	solltest
er/es/sie	wollte	musste	konnte	durfte	sollte
wir	wollten	mussten	konnten	durften	sollten
ihr	wolltet	musstet	konntet	durftet	solltet
sie/Sie	wollten	mussten	konnten	durften	sollten

	Position 2 Modalverb		Satzende Infinitiv
Ich	konnte	damals nicht mit dem Bus	fahren.
Ich	musste	zu Fuß zur Schule	gehen.

2.3 Perfekt

▶ Perfekt mit *haben* A1, E 10, S. 81; Perfekt mit *sein* A1, E 10, S. 82

		Position 2		Satzende
Perfekt mit haben	Ich	habe	keinen Kaffee	gekocht.
	Frau Schreiber	hat	das Paket	abgeholt.
	Am Donnerstag	haben	wir zusammen	gegessen.
Perfekt mit sein	Ich	bin	mit dem Flugzeug	geflogen.
	Nach vier Stunden	sind	wir in Dresden	angekommen.
	Helena	ist	zur Konferenz	gegangen.

Die meisten Verben bilden das Perfekt mit haben. *Bewegungsverben (*gehen, fahren, fliegen, kommen, laufen, ankommen, ...*) und einige andere Verben (*passieren, bleiben, ...*) bilden das Perfekt mit* sein.

Partizip II mit *ge-*

▶ A1, E 10, S. 81

regelmäßig	unregelmäßig
(hat) gemacht	(hat) gegessen
(hat) gearbeitet	(ist) geblieben
(hat) kennengelernt	(hat) angefangen

Partizip II ohne *ge-*

▶ Verben auf *-ieren* A1, E 10, S. 81; untrennbare Verben A2, E 1, S. 11

Verben auf *-ieren*	Verben mit *be-, emp-, ent-, er-, ge-, ver-*	
	regelmäßig	unregelmäßig
(hat) kopiert	(hat) bestellt	(hat) vergessen
(ist) passiert	(hat) erzählt	(ist) gefallen

Grammatik

3 Verben mit Ergänzungen

3.1 Verben mit Akkusativ ▶ **A1**, E 4, S. 34

> Brauchst du einen Computer?

> Nein, ich brauche keinen Computer. Ich habe einen Laptop. Aber ich kaufe heute ein Smartphone.

genauso: mögen, sehen, lesen, suchen, …

3.2 Verben mit Dativ ▶ **A1**, E 14, S. 115

> Die Bluse passt dir nicht. Sie ist zu groß. Aber der Rock steht dir gut!

> Ja, der Rock gefällt mir auch. Aber er gehört mir leider nicht.

genauso: helfen, danken, …

3.3 Verben mit Dativ und Akkusativ ▶ **A1**, E 13, S. 109

	Person (Dativ)	Sache (Akkusativ)	
Ich zeige	dir	die Karte.	
Kannst du	mir	einen Tipp	geben?
Ich möchte	dir	etwas	schenken.
Ich bringe	meinem Vater	ein Buch	mit.

4 Artikel und Nomen

4.1 Artikelwörter ▶ definit und indefinit **A1**, E 3, S. 28; negativ **A1**, E 3, S. 29; Possessivartikel **A1**, E 6, S. 49

	maskulin	neutral	feminin	Plural
definit	der Mann	das Kind	die Frau	die Freunde
indefinit	ein Mann	ein Kind	eine Frau	– Freunde
negativ	kein Mann	kein Kind	keine Frau	keine Freunde
Possessivartikel	mein Mann	mein Kind	meine Frau	meine Freunde

4.2 Singular und Plural ▶ **A1**, E 3, S. 28

Singular	Plural	Endung	Singular	Plural	Endung
der Stift	die Stifte	-e	die Brille	die Brillen	-n
der Stuhl	die Stühle	-ü-e	die Tür	die Türen	-en
das Bild	die Bilder	-er	das Handy	die Handys	-s
das Buch	die Bücher	-ü-er	die Freundin	die Freundinnen	-nen
der Computer	die Computer	-			

Lernen Sie neue Nomen immer mit Artikel und Plural!

4.3 Nominativ, Akkusativ, Dativ

▶ Nominativ **A1**, E 3, S. 26; Akkusativ **A1**, E 4, S. 33; Dativ **A1**, E 9, S. 74–75

Nominativ

	maskulin	neutral	feminin	Plural
definit	der Mann	das Kind	die Frau	die Freunde
indefinit	ein Mann	ein Kind	eine Frau	– Freunde
negativ	kein Mann	kein Kind	keine Frau	keine Freunde

Akkusativ

	maskulin	neutral	feminin	Plural
definit	den Mann	das Kind	die Frau	die Freunde
indefinit	einen Mann	ein Kind	eine Frau	– Freunde
negativ	keinen Mann	kein Kind	keine Frau	keine Freunde

Dativ

	maskulin	neutral	feminin	Plural
definit	dem Mann	dem Kind	der Frau	den Freunden
indefinit	einem Mann	einem Kind	einer Frau	– Freunden
negativ	keinem Mann	keinem Kind	keiner Frau	keinen Freunden

4.4 Possessivartikel

▶ Nominativ und Akkusativ **A1**, E 6, S. 49; Dativ **A1**, E 13, S. 109

Nominativ

	maskulin/neutral	feminin	Plural
ich	mein Vater/Kind	meine Mutter	meine Freunde
du	dein Vater/Kind	deine Mutter	deine Freunde
er/es	sein Vater/Kind	seine Mutter	seine Freunde
sie	ihr Vater/Kind	ihre Mutter	ihre Freunde
wir	unser Vater/Kind	unsere Mutter	unsere Freunde
ihr	euer Vater/Kind	eure Mutter	eure Freunde
sie/Sie	ihr/Ihr Vater/Kind	ihre/Ihre Mutter	ihre/Ihre Freunde

Der Possessivartikel hat dieselben Endungen wie kein.

Akkusativ: Ich mag meinen Vater.   Dativ: Ich esse mit meinem Vater.
Ich mag mein Kind.   Ich esse mit meinem Kind.
Ich mag meine Mutter.   Ich esse mit meiner Mutter.
Ich mag meine Freunde.   Ich esse mit meinen Freunden.

4.5 Nullartikel

▶ **A1**, E 7, S. 58

Hast du ▢ Zeit?   *Nomen mit Nullartikel: Man kann es nicht zählen oder die Anzahl*
Dort gibt es ▢ Joghurt.   *ist nicht wichtig.*

4.6 Das Genitiv-s

▶ **A1**, E 11, S. 91

Das ist das Zimmer von Astrid. = Das ist Astrids Zimmer.
aber: Das ist das Zimmer von Klaus. = Das ist Klaus' Zimmer.

Grammatik

5 Pronomen

5.1 Personalpronomen im Nominativ, Akkusativ und Dativ

▶ Nominativ **A1**, E 3, S. 30; Akkusativ **A1**, E 6, S. 50; Dativ **A1**, E 13, S. 109

der → er   die → sie
das → es   die → sie (Plural)

Nominativ	Akkusativ	Dativ
ich	mich	mir
du	dich	dir
er	ihn	ihm
es	es	ihm
sie	sie	ihr
wir	uns	uns
ihr	euch	euch
sie/Sie	sie/Sie	ihnen/Ihnen

Habe ich sie schon einmal gesehen?
Ich mag ihn. Mag er mich auch?
Das Kleid steht Ihnen wirklich gut!
Wie heißen Sie?
Das Kleid steht ihr gar nicht. Es sieht schlimm aus …
Danke. Es gefällt mir auch.

5.2 Reflexivpronomen

▶ **A2**, E 5, S. 43

ich	mich	wir	uns
du	dich	ihr	euch
er/es/sie	sich	sie/Sie	sich

5.3 *man*

▶ **A1**, E 5, S. 46

In der Schweiz macht man gern Sport. = Alle / Die Schweizer machen gern Sport.
Man = *3. Person Singular.*: Hier liest man viel.

5.4 Das Pronomen *es*

▶ **A1**, E 14, S. 111

Es regnet. Aber morgen ist es sonnig.

6 Präpositionen

6.1 Lokale Präpositionen

Wo?	bei	Ja, wir arbeiten bei DesigNetz / beim Bäcker.
	in	Ich wohne in Köln. Ich war schon in Brasilien.
		⚠ Ich war schon in der Türkei / im Iran / in den USA.
	gegenüber von	Die Bank ist gegenüber von der Buchhandlung

bei + dem = beim; in + dem = im; gegenüber von + dem = gegenüber vom

Woher?	aus	Ich komme aus Frankfurt. Er kommt aus Deutschland.
		⚠ Sie kommen aus dem Iran / der Türkei / den USA.
		Ich gehe um acht aus dem Haus.
	von	Ich komme um vier vom Deutschkurs.

von + dem = vom

Wohin? an ... vorbei Sie gehen an der Bank vorbei.
bis zu Fahren Sie bis zur Kreuzung.
durch Sie sind durch das Tor gegangen.
gegen Sie ist gegen den Baum gefahren.
nach Sie fliegt heute nach Dresden / nach Deutschland.
⚠ Sie fliegt in die Türkei / in den Iran / in die USA.
zu Um 8 Uhr gehe ich zum Arzt.

an + dem ... vorbei = am vorbei; (bis) zu + dem = (bis) zum;
(bis) zu + der = (bis) zur

6.2 Temporale Präpositionen

Wann? an Ich habe am 12. Mai Geburtstag. Am Mittwoch habe ich frei.
Am Abend gehe ich mit Tom ins Theater. ⚠ In der Nacht schlafen wir.
in Im Juli habe ich keine Zeit. Wir fahren im Sommer weg.
Der Zug fährt in fünf Minuten ab.
um Ich komme um acht Uhr.
von ... bis Von halb acht bis acht Uhr frühstücke ich.
vor Vor dem Test lerne ich.
nach Nach dem Test feiere ich.
zwischen Zwischen 18 und 19:30 mache ich Sport.
Seit wann? seit Er lernt seit einem Monat Deutsch.
Bis wann? bis Bis 2 Uhr / Montag / Mai habe ich frei.
Ab wann? ab Ab 19 Uhr / Freitag / Juni bin ich zu Hause.

6.3 Präpositionen: *als*, *aus* (Material), *für*, *mit*, *ohne*

als Ich arbeite als Ärztin.
aus Der Lampenschirm ist aus Glas.
für Wollen wir für Claudia kochen?
mit Ich nehme einen Kaffee mit Zucker. Fährst du oft mit dem Bus?
ohne Ich hätte gern einen Kaffee ohne Zucker.

6.4 Präpositionen mit Dativ: *aus, bei, mit, nach, seit, von, zu*   ▶ **A1**, E 9, S. 75 (Ort), S. 76 (Zeit)

aus Ich gehe um acht aus dem Haus.
bei Ich wohne bei meinem Freund.
mit Fährst du oft mit dem Bus?
nach Nach dem Test feiere ich.
seit Er lernt seit einem Monat Deutsch.
von Ich komme um vier von der Arbeit.
zu Um 8 Uhr gehe ich zum Arzt.

bei + dem = beim; von + dem = vom; zu + dem = zum; zu + der = zur

6.5 Präpositionen mit Akkusativ: *durch, für, gegen, ohne*   ▶ *für* **A1**, E 7, S. 60; *ohne* **A1**, E 7, S. 62; *durch* und *gegen* **A2**, E 1, S. 13

durch Er fährt durch den Park.
für Ich arbeite für dich.
gegen Sie läuft gegen einen Mann.
ohne Ich gehe ohne dich ins Kino.

Grammatik

6.6 Wechselpräpositionen: *an, auf, hinter, in, neben, über, unter, vor, zwischen*

▶ mit Dativ **A1**, E 11, S. 92; mit Akkusativ **A2**, E 7, S. 61

	Wo? (Dativ)	Wohin? (Akkusativ)
an	Das Bild hängt an der Wand.	Das Bild kommt an die Wand.
auf	Die Kiste ist auf dem Bett.	Die Kiste kommt auf das Bett.
hinter	Das Bild hängt hinter der Tür.	Das Bild kommt hinter die Tür.
in	Die Bücher sind im Arbeitszimmer.	Die Bücher kommen ins Arbeitszimmer.
neben	Der Schrank steht neben dem Bett.	Der Schrank kommt neben das Bett.
über	Die Lampe hängt über dem Tisch.	Die Lampe kommt über den Tisch.
unter	Der Tisch steht unter dem Fenster.	Der Tisch kommt unter das Fenster.
zwischen	Der Sessel steht zwischen der Tür und dem Schrank.	Der Sessel kommt zwischen die Tür und den Schrank.

an + dem = am
in + dem = im

an + das = ans
in + das = ins

7 Adjektive und Adverbien

7.1 Adjektive nach dem Nomen (prädikativ)

▶ **A1**, E 3, S. 30 und E 4, S. 36

Der Füller ist schön, aber die Tasse finde ich nicht schön.
Das Buch ist interessant, aber der Film ist langweilig.
Karsten ist unsympathisch. Aber seine Schwester finde ich nett.

7.2 Adjektive nach indefinitem und negativem Artikel

▶ **A2**, E 4, S. 35

	Nominativ			Akkusativ			Dativ		
m	ein	toller	Sänger	einen	tollen	Sänger	einem	tollen	Sänger
	kein	toller	Sänger	keinen	tollen	Sänger	keinem	tollen	Sänger
n	ein	gutes	Lied	ein	gutes	Lied	einem	guten	Lied
	kein	gutes	Lied	kein	gutes	Lied	keinem	guten	Lied
f	eine	große	Show	eine	große	Show	einer	großen	Show
	keine	große	Show	keine	große	Show	keiner	großen	Show
Pl.	–	neue	Filme	–	neue	Filme	–	neuen	Filmen
	keine	neuen	Filme	keine	neuen	Filme	keinen	neuen	Filmen

7.3 Adjektive nach definitem Artikel

▶ **A2**, E 6, S. 48

	Nominativ			Akkusativ			Dativ		
m	der	schwarze	Tisch	den	schwarzen	Tisch	dem	schwarzen	Tisch
n	das	grüne	Sofa	das	grüne	Sofa	dem	grünen	Sofa
f	die	kleine	Lampe	die	kleine	Lampe	der	kleinen	Lampe
Pl.	die	grünen	Stühle	die	grünen	Stühle	den	grünen	Stühlen

7.4 Adjektive mit *zu*

▶ **A1**, E 11, S. 91

Die Wohnung ist zu klein / zu dunkel / zu teuer.
40 Minuten mit der S-Bahn – das finde ich zu weit.

7.5 Komparativ und Superlativ

▶ A2, E 3, S. 29

		Komparativ	Superlativ
regelmäßig:	schön	schöner	am schönsten
	schnell	schneller	am schnellsten
	leicht	leichter	am leichtesten
mit Umlaut:	alt	älter	am ältesten
	groß	größer	am größten
	hoch	höher	am höchsten
unregelmäßig:	viel	mehr	am meisten
	gut	besser	am besten
	gern	lieber	am liebsten

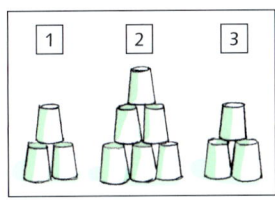

Pyramide 1 ist kleiner als Pyramide 2.
Pyramide 1 ist genauso hoch wie Pyramide 3.

7.6 Adverbien der Häufigkeit

▶ A1, E 5, S. 44

Wie oft?

nie   selten   manchmal   oft   immer

💬 Du rufst nie an, ich rufe immer an!
👍 Nein, manchmal rufe ich auch an.
💬 Aber sehr selten.

8 Wortbildung

8.1 Berufe: maskulin und feminin

▶ A1, E 2, S. 16

Student — Studentin
Arzt — Ärztin
Kaufmann — Kauffrau

8.2 Komposita

▶ A1, E 14, S. 113

der Winter + der Mantel → der Wintermantel

der Sommer + das Kleid → das Sommerkleid

der Regen + die Hose → die Regenhose

8.3 Adjektive mit *un-*

▶ A2, E 4, S. 33

sympathisch – unsympathisch, sportlich – unsportlich, interessant – uninteressant
aber: nett – nicht nett

Arno findet Lena sympathisch. Susi findet sie unsympathisch.
Mein Sohn ist sehr unsportlich. Er findet Fußball total uninteressant.

8.4 Nomen auf *-heit, -keit, -ung*

▶ A2, E 8, S. 67

immer feminin: die Kindheit, die Süßigkeit, die Ausbildung

9 Ordinalzahlen

▶ A1, E 14, S. 107

Wann?	am	ersten/zweiten/dritten/vierten/.../siebten/...	Mai (*Zahl + -ten*)
	am	zwanzigsten/einundzwanzigsten/...	Mai (*ab 20: Zahl + -sten*)
Welcher Tag ist heute?	der	erste/zweite/dritte/vierte/.../siebte/...	Mai (*Zahl + -te*)
	der	zwanzigste/einundzwanzigste/...	Mai (*ab 20: Zahl + -ste*)

Grammatik

Sätze

1 Aussagesätze
▶ **A1**, E1, S.11; E8, S.64; E9, S.75

	Position 2		Satzende
Ich	telefoniere.		
Er	heißt	Tom.	
Wir	suchen	einen USB-Stick.	
Heute Abend	gehen	wir	aus.
Tom	will	für Franzi	kochen.
Ich	bringe	ihm eine CD	mit.

2 Fragesätze
▶ **A1**, E1, S.11; E8, S.64; E9, S.75

2.1 W-Fragen

Position 1	Position 2		
Wie	heißen	Sie?	Hannah Schreiber.
Wer	bist	du?	Ich bin Mia.
Woher	kommen	Sie?	Ich komme aus Köln.
Wo	wohnst	du?	Ich wohne in Berlin.
Was	magst	du?	Ich mag Musik.
Wohin	sind	Sie gefahren?	Nach Dresden.
Wann	können	Sie kommen?	Um 7 Uhr.

2.2 Fragen mit *was für ein*
▶ **A2**, E4, S.32

	Nominativ	Akkusativ
m	Was für ein Film ist das?	Was für einen Film möchtest du sehen?
n	Was für ein Quiz ist das?	Was für ein Quiz magst du?
f	Was für eine Sendung ist das?	Was für eine Sendung möchtest du sehen?
Pl.	Was für – Serien laufen auf Pro7?	Was für – Serien magst du?

2.3 Ja-/Nein-Fragen
▶ **A1**, E4, S.20

Position 1	Position 2		
Magst	du	Vanilleeis?	Ja, sehr gern.
Hast	du	einen Ausflug gemacht?	Nein, ich war zu Hause.

3 *Ja – nein – doch*
▶ **A1**, E4, S.35

💬 Haben Sie Tablets?   👍 Ja, wir haben Tablets.   👎 Nein, wir haben leider keine Tablets.
💬 Haben Sie keine Tablets?   👍 Doch, wir haben Tablets.   👎 Nein, wir haben keine Tablets.

4 Verneinung im Satz

▶ *kein* **A1**, E 3, S. 29; *nicht* **A1**, E 4, S. 32

kein	Ich habe kein Handy.	nicht	Ich gehe heute nicht ins Kino.
	Hast du keine Lust?		Ich tanze nicht gern.
	Ich durfte kein Eis essen.		Ich durfte nicht oft fernsehen.

5 Sätze verbinden

5.1 Konjunktionen *und*, *oder*, *aber* und *deshalb*

▶ **A2**, E 1, S. 14

Hauptsatz 1		Hauptsatz 2		
Hier haben die Kaiser gewohnt	und	jetzt	wohnt	hier der Bundespräsident.
Sie können hier Museen besuchen	oder	Sie	gehen	in ein Konzert.
Im MQ kann man Kunst sehen,	aber	es	gibt	auch viele Cafés.

Hauptsatz 1		Hauptsatz 2		
Das alles bietet das Palmenhaus,	deshalb	ist		das Kaffeehaus beliebt.

5.2 *zuerst – dann – danach*

▶ **A1**, E 11, S. 94

Zuerst habe ich in einer Dachwohnung gewohnt. Dann habe ich in einem Hochhaus gewohnt. Danach habe ich in einem Bauernhaus gewohnt.

6 Nebensätze

6.1 *Warum?* Nebensätze mit *weil*

▶ **A2**, E 2, S. 17

Anna geht nach München. Ihr Freund lebt dort.
Anna geht nach München, weil ihr Freund dort lebt.

			Satzende (Verb)
Anna geht nach München,	weil	ihr Freund dort	lebt.
Mario spricht etwas Deutsch,	weil	er schon Deutsch	gelernt hat.
Wir können oft sprechen,	weil	wir	skypen können.
Für die Familie ist es kein Problem,	weil	seine Frau gern	mitkommt.

6.2 Nebensätze mit *dass*

▶ **A2**, E 3, S. 27

Susi sagt: „Papageien sind intelligent."
Susi sagt, dass Papageien intelligent sind.

			Satzende (Verb)
Susi sagt,	dass	Papageien intelligent	sind.
Susi findet,	dass	Turmspringen sehr elegant	aussieht.
Rudi sagt,	dass	er schon einen Sushi-Kurs	gemacht hat.
Rudi denkt,	dass	er Kopf-Tischtennis	ausprobieren will.

Unregelmäßige Verben

Infinitiv	3. Pers. Sg. Präsens	3. Pers. Sg. Perfekt
abfahren	er/sie fährt ab	er/sie ist abgefahren
abfliegen	er/sie fliegt ab	er/sie ist abgeflogen
abgeben	er/sie gibt ab	er/sie hat abgegeben
abnehmen	er/sie nimmt ab	er/sie hat abgenommen
abschließen	er/sie schließt ab	er/sie hat abgeschlossen
anbieten	er/sie bietet an	er/sie hat angeboten
anfangen	er/sie fängt an	er/sie hat angefangen
anhalten	er/sie hält an	er/sie hat angehalten
ankommen	er/sie kommt an	er/sie ist angekommen
anrufen	er/sie ruft an	er/sie hat angerufen
ansehen (sich)	er/sie sieht an	er/sie hat angesehen
anziehen (sich)	er/sie zieht an	er/sie hat angezogen
aufstehen	er/sie steht auf	er/sie ist aufgestanden
auftreten	er/sie tritt auf	er/sie ist aufgetreten
ausgehen	er/sie geht aus	er/sie ist ausgegangen
ausleihen	er/sie leiht aus	er/sie hat ausgeliehen
ausschlafen	er/sie schläft aus	er/sie hat ausgeschlafen
aussehen	er/sie sieht aus	er/sie hat ausgesehen
aussteigen	er/sie steigt aus	er/sie ist ausgestiegen
ausziehen (sich)	er/sie zieht aus	er/sie hat ausgezogen
beginnen	er/sie beginnt	er/sie hat begonnen
behalten	er/sie behält	er/sie hat behalten
bekommen	er/sie bekommt	er/sie hat bekommen
bieten	er/sie bietet	er/sie hat geboten
bitten	er/sie bittet	er/sie hat gebeten
bleiben	er/sie bleibt	er/sie ist geblieben
bringen	er/sie bringt	er/sie hat gebracht
denken	er/sie denkt	er/sie hat gedacht
einladen	er/sie lädt ein	er/sie hat eingeladen
einsteigen	er/sie steigt ein	er/sie ist eingestiegen
entscheiden	er/sie entscheidet	er/sie hat entschieden
entstehen	er/sie entsteht	er/sie ist entstanden
essen	er/sie isst	er/sie hat gegessen
fahren	er/sie fährt	er/sie ist gefahren
fallen	er/sie fällt	er/sie ist gefallen
fernsehen	er/sie sieht fern	er/sie hat ferngesehen
finden	er/sie findet	er/sie hat gefunden
fliegen	er/sie fliegt	er/sie ist geflogen
freihaben	er/sie hat frei	er/sie hatte frei *(Präteritum)*
geben	er/sie gibt	er/sie hat gegeben
gefallen	er/sie gefällt	er/sie hat gefallen
gehen	er/sie geht	er/sie ist gegangen
gelten	er/sie gilt	er/sie hat gegolten
genießen	er/sie genießt	er/sie hat genossen
gewinnen	er/sie gewinnt	er/sie hat gewonnen
gießen	er/sie gießt	er/sie hat gegossen
haben	er/sie hat	er/sie hatte *(Präteritum)*
hängen	er/sie hängt	er/sie hat gehangen

Infinitiv	3. Pers. Sg. Präsens	3. Pers. Sg. Perfekt
heißen	er/sie heißt	er/sie hat geheißen
helfen	er/sie hilft	er/sie hat geholfen
kaputtgehen	er/sie geht kaputt	er/sie ist kaputtgegangen
kennen	er/sie kennt	er/sie hat gekannt
klingen	er/sie klingt	er/sie hat geklungen
kommen	er/sie kommt	er/sie ist gekommen
laufen	er/sie läuft	er/sie ist gelaufen
leihen	er/sie leiht	er/sie hat geliehen
lesen	er/sie liest	er/sie hat gelesen
liegen	er/sie liegt	er/sie hat gelegen
mitbringen	er/sie bringt mit	er/sie hat mitgebracht
mitkommen	er/sie kommt mit	er/sie ist mitgekommen
mitlaufen	er/sie läuft mit	er/sie ist mitgelaufen
mögen	er/sie mag	er/sie hat gemocht
nehmen	er/sie nimmt	er/sie hat genommen
pfeifen	er/sie pfeift	er/sie hat gepfiffen
scheinen	er/sie scheint	er/sie hat geschienen
schlafen	er/sie schläft	er/sie hat geschlafen
schlagen	er/sie schlägt	er/sie hat geschlagen
schließen	er/sie schließt	er/sie hat geschlossen
schneiden	er/sie schneidet	er/sie hat geschnitten
schreiben	er/sie schreibt	er/sie hat geschrieben
schwimmen	er/sie schwimmt	er/sie ist geschwommen
sehen	er/sie sieht	er/sie hat gesehen
sein	er/sie ist	er/sie war *(Präteritum)*
singen	er/sie singt	er/sie hat gesungen
sitzen	er/sie sitzt	er/sie hat gesessen
spazieren gehen	er/sie geht spazieren	er/sie ist spazieren gegangen
sprechen	er/sie spricht	er/sie hat gesprochen
springen	er/sie springt	er/sie ist gesprungen
stattfinden	er/sie findet statt	er/sie hat stattgefunden
stehen	er/sie steht	er/sie hat gestanden
sterben	er/sie stirbt	er/sie ist gestorben
streiten (sich)	er/sie streitet	er/sie hat gestritten
teilnehmen	er/sie nimmt teil	er/sie hat teilgenommen
tragen	er/sie trägt	er/sie hat getragen
treffen (sich)	er/sie trifft	er/sie hat getroffen
trinken	er/sie trinkt	er/sie hat getrunken
umsteigen	er/sie steigt um	er/sie ist umgestiegen
umziehen	er/sie zieht um	er/sie ist umgezogen
unterhalten (sich)	er/sie unterhält	er/sie hat unterhalten
unterschreiben	er/sie unterschreibt	er/sie hat unterschrieben
verbinden	er/sie verbindet	er/sie hat verbunden
vergessen	er/sie vergisst	er/sie hat vergessen
verlassen	er/sie verlässt	er/sie hat verlassen
verlieren	er/sie verliert	er/sie hat verloren
verschlafen	er/sie verschläft	er/sie hat verschlafen
verstehen	er/sie versteht	er/sie hat verstanden

Unregelmäßige Verben

Infinitiv	3. Pers. Sg. Präsens	3. Pers. Sg. Perfekt
vorlesen	er/sie liest vor	er/sie hat vorgelesen
vorsprechen	er/sie spricht vor	er/sie hat vorgesprochen
vorbeikommen	er/sie kommt vorbei	er/sie ist vorbeigekommen
waschen (sich)	er/sie wäscht	er/sie hat gewaschen
wegfahren	er/sie fährt weg	er/sie ist weggefahren
wegfliegen	er/sie fliegt weg	er/sie ist weggeflogen
weglaufen	er/sie läuft weg	er/sie ist weggelaufen
wegwerfen	er/sie wirft weg	er/sie hat weggeworfen
wehtun	er/sie tut weh	er/sie hat wehgetan
werden	er/sie wird	er/sie ist geworden
werfen	er/sie wirft	er/sie hat geworfen
wiederkommen	er/sie kommt wieder	er/sie ist wiedergekommen
wissen	er/sie weiß	er/sie hat gewusst
zurückliegen	er/sie liegt zurück	er/sie hat zurückgelegen

Lösungen

1 Auf Reisen

1.1
1. Flugticket – 2. Gepäck – 3. Abflug – 4. Eintrittskarte – 5. Flughafen – 6. Ankunft – 7. Postkarte – 8. Reisepass
Lösungswort: Semesterferien

1.2
1. g – 2. a – 3. f – 4. e – 6. h – 7. c – 8. d

1.3
Beispiel: 1. Wir möchten einen Flug buchen. – 2. Ich muss den Rucksack packen. – 3. Marti hat den Reisepass vergessen. – 4. Jetzt wollen wir die Stadt besichtigen. – 5. Ein Freund hat uns ein Hotel empfohlen. – 6. Wir haben keinen Sitzplatz bekommen. – 7. Sie hat uns den Weg erklärt. – 8. Wir haben sie nach dem Weg gefragt.

1.4
1. von – nach – mit
2. am – um
3. im – in – von – bis
4. nach – in

1.5
a 5 – b 8 – c 2 – d 4 – e 3 – g 6 – h 7

1.6
Beispiel: Dort <u>haben</u> sie viele Sehenswürdigkeiten <u>gesehen</u> und <u>haben</u> viel <u>fotografiert</u>. Dann <u>sind</u> sie zu einer Freundin nach Paros <u>gefahren</u>. Dort <u>haben</u> sie oft im Meer <u>gebadet</u>. Sie <u>sind</u> oft am Abend <u>ausgegangen</u>. Sie <u>sind</u> auch einmal in den Bergen <u>gewandert</u>. In Linz <u>sind</u> sie ins Konzert <u>gegangen</u>.

2.1

regelmäßige Verben	
(_)ge__(e)t	__(e)t
gebucht (buchen)	entschuldigt (entschuldigen)
gebadet (baden)	erklärt (erklären)
gepackt (packen)	passiert (passieren)
gesucht (suchen)	besichtigt (besichtigen)
kennengelernt (kennenlernen)	besucht (besuchen)
	diskutiert (diskutieren)

unregelmäßige Verben	
(_)ge__en	__en
gegessen (essen)	bekommen (bekommen)
gegangen (gehen)	vergessen (vergessen)
gefahren (fahren)	empfohlen (empfehlen)
	verstanden (verstehen)

2.2
passieren – gehen – fahren

2.3
1. haben … gepackt
2. haben … besichtigt
3. hat … erklärt – haben … verstanden – haben … gesucht
4. haben … besucht
5. hat … gebucht
6. hat … bekommen

2.4
1. einen Flug nach Rom im Internet buchen – 2. den Koffer packen – 3. zum Flughafen fahren – 4. in Rom ankommen, aber der Koffer nicht da sein – 5. zur Information gehen und das Problem erklären – 6. nach zwei Tagen die Sachen endlich bekommen

2.5
Beispiel: Dann hat sie ihren Koffer gepackt und ist zum Flughafen gefahren. Sie ist in Rom angekommen, aber ihr Koffer war nicht da. Dann ist sie zur Information gegangen und hat das Problem erklärt. Nach zwei Tagen hat sie ihre Sachen endlich bekommen.

3.1
1. richtig – 2. falsch – 3. richtig – 4. falsch

3.2
1. Haben Sie schon einmal den Reichstag in Berlin besichtigt? – 2. Haben Sie schon einmal in der Schweiz Urlaub gemacht? – 3. Haben Sie schon einmal einen Koffer am Flughafen verloren? – 4. Haben Sie schon einmal einen Geburtstag vergessen?

3.3
2. Ja, ich habe schon einmal ein Hotel im Internet gebucht. / Nein, ich habe noch nie ein Hotel im Internet gebucht. – 3. Ja, ich bin schon einmal in einem See geschwommen. / Nein, ich bin noch nie in einem See geschwommen. – 4. Ja, ich bin schon einmal mit einem Motorrad gefahren. / Nein, ich bin noch nie mit einem Motorrad gefahren. – 5. Ja, ich habe schon einmal meinen Laptop verloren. / Nein, ich habe noch nie meinen Laptop verloren. – 6. Ja, ich habe schon einmal Käsefondue probiert. / Nein, ich habe noch nie Käsefondue probiert.

Lösungen

4.1
2. die Bank, -en – 3. die Eisdiele, -n – 4. das Tor, -e –
5. die Buchhandlung, -en – 6. die Ampel, -n –
7. die Boutique, -n – 8. die Bushaltestelle, -n –
9. der Bahnhof, -ö-e

4.2
2.

4.3

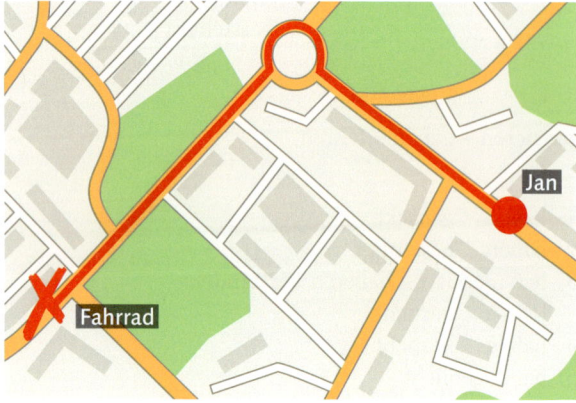

5.1
1. der – 2. den – 3. das – 4. der

5.2
2. durch das Tor – 3. gegenüber von der Post –
4. am Rathaus vorbei – 5. gegen einen Mann –
6. bis zum Park / bis zum Baum

7.1
1. a – 2. b – 3. c – 4. b

7.2
1. *In Wien gibt es viele Sehenswürdigkeiten, deshalb kommen* jedes Jahr viele Touristen. – 2. Viele Touristen wollen Spezialitäten aus Österreich probieren, deshalb besuchen sie den Naschmarkt. – 3. Die Kaiserin Sisi kennt jeder, deshalb ist das Sisi-Museum in der Hofburg sehr beliebt. – 4. Die Touristen sitzen oder liegen gern auf den Sofas im Museumsquartier, deshalb findet man dort oft keinen Platz.

7.3
viele Sehenswürdigkeiten – eine Kirche – Es gibt ihn und er ist 137 – hoch – Das Haus ist bunt – sehr interessant – wohnen auch Leute – 50 Wohnungen – das ist ein Park – viele Restaurants und eine Disko

8.1

Wie ist die Stadt?	Was gibt es in der Stadt?	Was kann man dort machen?
ruhig interessant	genug Schulen und Arbeitsplätze, viele Freizeitangebote, viele Radwege	Sport in der Natur machen, Sehenswürdigkeiten besuchen, in der Fußgängerzone shoppen

8.2
Beispiel: Ich heiße Petra und ich wohne in Köln. Die Stadt ist sehr groß und laut. Es gibt eine Universität und es gibt viele interessante Freizeitangebote. Deshalb wohne ich sehr gern hier. Köln hat viele Radwege, deshalb kann man viel Sport machen. Das Zentrum ist sehr schön und in der Fußgängerzone sind immer viele Touristen. Sie besichtigen die Sehenswürdigkeiten.

Alles klar?

1
ist ... gefahren – sind ... geblieben – haben ... besichtigt – haben ... besucht – hat ... gefallen

2
1. b – 2. a – 3. b – 4. a

3
1. *deshalb* kann man hier gut leben –
2. *deshalb* besuchen viele Touristen die Stadt –
3. *deshalb* ist die Stadt für Studenten sehr interessant

2 Ziele und Wünsche

1.1
Smartphone – chatten – chatte – skypen – skype – schicken – E-Mail – Computer – telefonieren

1.2
1. c – 2. a – 3. b

1.3
1. falsch – 2. falsch – 3. richtig – 4. richtig – 5. falsch – 6. falsch – 7. falsch – 8. richtig – 9. falsch

1.4
Beispiel: Sie ist mit ihrem Mann nach Deutschland gekommen. Er hat eine Stelle als Arzt in München bekommen, aber sie sucht noch eine Arbeit.
Am liebsten will sie als Programmiererin arbeiten. Deshalb lernt sie Deutsch für die Arbeit. Sie sieht ihre Familie nicht oft, deshalb chattet und skypt sie viel mit ihren Eltern.

2.1
2. weil sie Musik in Köln studiert. – 3. weil seine Frau eine Stelle in Stuttgart bekommen hat. – 4. weil sie einen Sprachkurs machen möchte. – 5. weil seine Freundin aus Deutschland kommt.

2.2
1. d – 2. e – 3. b – 4. c – 5. a

2.3
2. Die Eltern können oft kommen, weil die Flüge günstig sind. – 3. Er will nach Japan auswandern, weil das schon immer sein Traum war. – 4. Sie sucht eine Arbeit, weil sie ihre Stelle verloren hat. – 5. Die Eltern sind nicht so glücklich, weil ihre Tochter ins Ausland gehen möchte.

2.4
2. Herr Bianchini geht heute nicht zur Arbeit, weil er Kopfschmerzen hat. – 3. Marianne will jetzt nicht spazieren gehen, weil es regnet. – 4. Meine Freundin antwortet nicht, weil ihr Handy kaputt ist. – 6. Kim und Mitja sind so müde, weil sie gestern lange auf der Party geblieben sind. – 7. Herr Thimm findet die Buchhandlung nicht, weil er den Zettel mit der Adresse vergessen hat. – 8. Frau Kovac kann nicht mit dem Auto fahren, weil sie ihren Autoschlüssel verloren hat.

3.1
1. d – 2. a – 3. b – 4. c

3.2
1. b – 2. c – 3. a

4.1
Beispiel: 1. *Entschuldigung, könnten Sie mir* einen Stift geben, bitte? – 2. Entschuldigung, könntet ihr die Flasche holen? – 3. Entschuldigung, könntest du mir die Handynummer sagen? – 4. Entschuldigung, könnten Sie ein Taxi rufen, bitte?

5.1
Beispiel: Guten Tag, mein Name ist Patrick Adamo. Ich möchte einen Deutschkurs machen. – Ich arbeite am Tag, deshalb möchte ich einen Abendkurs machen. – Tut mir leid, um 9 Uhr kann ich nicht. Ich arbeite bis 17 Uhr, kann ich danach kommen? – Ja gern, ich heiße Patrick Adamo. – Natürlich, ich buchstabiere: P-A-T-R-I-C-K-A-D-A-M-O. – Ich danke auch. Auf Wiederhören.

6
1. c – 2. b – 3. b – 4. c – 5. a

7.2
Technik an der Universität studiert – Praktikum in Deutschland machen – Ich habe in der Schule Deutsch gelernt – kann ich auch nicht mehr so gut – höre auch manchmal Radio auf Deutsch oder sehe Filme – viel verstehen – noch einen Kurs machen – ohne Fehler sprechen

8.1
a 5 – b 6 – c X – d 2

8.2
2. Der „Intensivkurs Italienisch" beginnt am elften Juli (11.7.) um 10 Uhr. – 3. Der Kurs „Fotografieren in den Sommerferien" dauert fünf Tage, jeden Tag vier Stunden. / ... dauert vom neunundzwanzigsten Juli (29.7.) bis zum dritten August (2.8.) – 4. Der „Schnellkurs Italienisch für Anfänger" findet zweimal pro Woche statt. – 5. Den „Tanzabend" gibt es neun Wochen. – 6. Der „Tanzabend" dauert am Sonntag zwei Stunden. / Der „Tanzabend" dauert am Sonntag von 18 Uhr bis 20 Uhr.

8.3
1. b – 2. c – 3. b – 4. c – 5. a

Alles klar?

1
1. Abunya möchte nach Österreich gehen, weil ihr Freund Österreicher ist. – 2. Hüsein hat sein Heimatland verlassen, weil seine Chancen in Deutschland besser sind. – 3. Irina besucht ihre Eltern oft in der Heimat, weil die Fahrt mit dem Bus nicht so teuer ist. – 4. Shuo chattet viel, weil er den Kontakt zu seinen Freunden in der Heimat nicht verlieren will.

2
1. b – 2. a – 3. a – 4. a

3
1. Können Sie mir einen Kurs empfehlen? / Haben Sie auch Kurse in der Woche? / Haben Sie auch Intensivkurse? – 2. Gibt es auch Kurse am Nachmittag? – 3. Muss ich einen Einstufungstest machen? – 4. Wie viel kostet der Intensivkurs?

4
1. Ich lerne seit sieben Monaten Deutsch. – 2. Ich habe einen Sprachkurs an der Volkshochschule gemacht. – 3. Ich brauche Deutsch für den Beruf. – 4. Ja, ich will/möchte die A2-Prüfung auf Deutsch machen.

1|2 Leben in Deutschland

1c
1. *Das kann* ich nicht glauben – 2. *Oh, das habe* ich nicht gewusst – 3. *Das ist* doch nicht möglich.

2a

	Warum ...?	Was ...?
1. **Migranten**	haben Familie in Deutschland, suchen Arbeit, wollen studieren	aus EU-Ländern: dürfen in der EU wohnen und arbeiten; aus anderen Ländern: brauchen einen Aufenthaltstitel
2. **Flüchtlinge**	gefährlich in ihrer Heimat, sie haben große Probleme, es gibt Krieg	dürfen in Deutschland bleiben, dürfen nach drei Monaten arbeiten
3. **Asylbewerber**	haben Probleme in ihrer Heimat, wollen Asyl beantragen	dürfen vielleicht bleiben, dürfen zuerst nicht arbeiten und müssen in einem Heim wohnen

einhundertsiebzehn

Lösungen

3 b

rot: Aufenthaltstitel – Zeugnis (Ausbildung)
blau: Übersetzung vom Zeugnis – Kopien von der Übersetzung

4 b

richtig: Neue Wohnung: Hauptstr. 6, 2. Stock, 79113 Freiburg – Bisherige Wohnung: Haubachstr. 67, 70173 Stuttgart – einzige Wohnung

4 c

Beispiel: 2. Wie ist Ihre Adresse? / Wo wohnen Sie jetzt? – 3. Wie heißen Sie? / Wie ist Ihr Name? – 4. Wann ist Ihr Geburtstag?

3 Hoch, höher, am höchsten

1.1

1. Gitarre spielen – 2. Märchen vorlesen – 3. Haustiere haben – 4. (ins Wasser) springen/Turmspringen – 5. Tischtennis spielen – 6. Briefmarken sammeln

1.2

schwimmen – wandern – laufen – segeln – telefonieren – shoppen – lesen – tauchen – ausgehen

1.3

1. laufen – 2. lesen – 3. treffen – 4. sehen – 5. spielen – 6. fahren – 7. tanzen – 8. machen/treiben – 9. gehen

2.1

3. *dass* Klettern sehr gefährlich ist. – 4. Sie findet, dass Klettern aber total viel Spaß macht. – 5. PeterPan findet, dass Angeln wirklich langweilig ist. – 6. Er sagt, dass man sehr lange warten muss. – 7. Claudi23 sagt, dass sie Tangotanzen ausprobieren möchte. – 8. Sie findet, dass das sehr elegant ist. – 9. Lars sagt, dass er früher oft Gitarre gespielt hat. – 10. Er sagt, dass er heute leider keine Zeit mehr hat. – 11. Eda sagt, dass sie Chatten blöd findet. – 12. Sie denkt, dass skypen viel besser ist.

2.2

☺	☹	☺/☹
interessant	langweilig	*komisch*
cool	blöd	gefährlich
spannend	anstrengend	verrückt

2.3

Beispiel: Ich finde, dass Kochen interessant ist. Ich finde, dass Briefmarkensammeln sehr langweilig ist. Ich denke, dass Ausgehen cool ist. Ich finde, dass Sport sehr anstrengend ist. Ich finde, dass Wandern sehr interessant ist.

3.1

Beispiel: 1. *Sie hat gesagt, dass* Gitarrespielen viel Spaß macht. Sie hat gesagt, dass man alleine oder in einer Gruppe spielen kann. Sie hat erzählt, dass sie einmal pro Woche Unterricht hat. Sie hat gesagt, dass sie in der Freizeit zusammen mit Freunden spielt. Sie hat gesagt, dass sie manchmal auch Konzerte geben. Sie hat erzählt, dass sie letzte Woche bei einer Schulfeier gespielt haben. Sie hat gesagt, dass sie vielleicht später berühmt werden. –
2. *Herr Meyer hat gesagt, dass* er sehr gern kocht, am liebsten mit Freunden. Er hat gesagt, dass sie schon viele Sachen ausprobiert haben. Er hat erzählt, dass sie immer bei einem Freund zu Hause kochen. Er hat gesagt, dass das Spaßmacht. Er hat gesagt, dass sie meistens einmal pro Woche kochen. Er hat gesagt, dass sie zuerst kochen und dann zusammen essen. Er hat auch erzählt, dass sie nach dem Essen noch zusammenbleiben, reden und ein Glas Wein oder Bier trinken. Er hat gesagt, dass das gemütlich ist.

3.2

1. Was ist dein/Ihr Hobby? – 2. Wie oft spielst du / spielen Sie Tischtennis? – 3. Wo spielst du / spielen Sie Tischtennis? – 4. Mit wem spielst du / spielen Sie Tischtennis? – 5. Warum gefällt dir/Ihnen Tischtennisspielen? / Was gefällt dir/Ihnen gut? – 6. Was gefällt dir/Ihnen nicht so gut? / Was findest du / finden Sie nicht so gut?

4.1

Beispiel: Sein Hobby ist Klettern. Er klettert dreimal pro Woche im Kletterkurs und im Sommer in den Bergen. Er klettert mit seiner Freundin. Ihm gefällt gut, dass er draußen in der Natur klettern kann. Er findet, dass Klettern sehr anstrengend ist, weil am nächsten Tag oft die Arme wehtun.

4.3

a – b – g – d – c – h

4.4

Beispiel: Am Montag geht Barbara immer schwimmen. Dienstags macht sie nichts. Mittwochs kocht sie mit Freunden. Donnerstags geht sie klettern und freitags geht sie Tango tanzen. Am Samstag fährt sie morgens immer Fahrrad.

5

falsch: 1. sechs – 2. in den Ferien – 3. heute – 4. 70 – 5. seine Enkel

6.1

1. interessanter – schöner – am schönsten – langweiliger – am interessantesten
2. älter – größer – am ältesten – am größten
3. höher – am höchsten

6.2

chatte ich viel – am liebsten spiele ich draußen Fußball – ich finde Fußball gut – kann besser – am besten – Und ich tanze gern – mein Lieblingshobby ist – kann ich am besten kochen

6.3

passt nicht: – 2. lieber – 3. besser – 4. am besten – 5. besser – 6. am liebsten – 7. am liebsten – 8. lieber

6.4

Beispiel: 1. *Niklas und Tobias* springen am höchsten. 2. Das Tablet ist genauso günstig wie das Smartphone. Das Tablet und das Smartphone sind günstiger als der Laptop. Sie sind am günstigsten. – 3. Karen wandert genauso weit wie Hanna. Karen und Hanna wandern weiter als Ingrid und Peter. Sie wandern am weitesten. – 4. Das Auto fährt schneller als die Straßenbahn und das Fahrrad. Es fährt am schnellsten. Die Straßenbahn fährt genauso schnell wie das Fahrrad.– 5. Lia schläft genauso lange wie Pia. Sie schlafen beide länger als Mia. Lia und Pia schlafen am längsten.

7.1

1. *Okay, wir* können am Wochenende schwimmen gehen – 2. Ich kann heute leider nicht klettern – 3. Wir können leider nicht mitkommen

7.2

1. *Sie* kann sehr lange die Luft anhalten. – 2. Florian kann noch nicht allein Fahrrad fahren. – 3. Yi-Weng kann schon ein bisschen Geige spielen.

7.3

Beispiel: Ich kann am besten auf Deutsch lesen. Ich kann am schönsten tanzen. Ich kann am meisten essen.

8.1

Wettbewerb – Sieger – Teilnehmer – Gedichte – hat … stattgefunden – kämpft – schlagen

8.2

1. Der Slam-Wettbewerb findet im Stadttheater statt. – 2. Der Slam-Wettbewerb findet immer am ersten Sonntag im Monat statt. – 3. Der Wettbewerb fängt um 19:00 Uhr an. – 4. Die Eintrittskarten kosten fünf Euro. Für Kinder sind sie kostenlos.

9

1. falsch – 2. richtig – 3. falsch – 4. falsch

Und in Ihrer Sprache?

Was? Ski fahren – *Wann?* im Winter, am Wochenende – *Wo?* in den Bergen – *Mit wem?* allein und mit Freunden – ☺ nach dem Skifahren zusammen ins Restaurant gehen – ☹ sehr teuer

Alles klar?

1

1. *Linus sagt, dass* er gern klettert und wandert. –
2. *Linus findet,* dass Tischtennisspielen Spaß macht. –
3. Linus findet, dass Briefmarkensammeln langweilig ist. –
4. Linus sagt, dass er gern Märchen vorliest.

2

Das will ich auch einmal ausprobieren – *So ein* Quatsch! – *Ich finde, dass Kopf-Tischtennis* verrückt ist – *Kopf-Tischtennis – das* ist nichts *für mich*

3

Beispiel: 1. Sabine ist genauso groß wie Adile. Peter ist größer als Sabine und Adile, aber Oliver ist am größten. – 2. Oliver wandert lieber als Max. Er wandert genauso gern wie Hong. Aber Lina wandert am liebsten. – 3. Pavel springt genauso weit wie Merle. Sie springen weiter als Tina. Roman springt am weitesten. – 4. Mahmut liest mehr als Waltraud. Er liest genauso viel wie Rudi. Sara liest am meisten.

4 Ein toller Fernsehabend

1.1

2. „Wer wird Millionär" kommt um Viertel nach acht auf RTL. – 3. „Herr der Ringe" kommt um zehn nach zwei auf SAT.1. – 4. Das „heute-journal" kommt um Viertel vor zehn im Zweiten. – 5. „007" kommt um halb elf auf ProSieben. – 6. Heute kommt „Tatort" um Viertel nach acht im Ersten. – 7. Heute kommt/kommen „Die Simpsons" um zwanzig vor sieben auf ProSieben. – 8. Heute kommt die „SPORTreportage" um zehn nach fünf im Zweiten.

2.1

2. die Nachrichten – 3. der Liebesfilm – 4. der Animationsfilm – 5. die Dokumentation – 6. der Actionfilm – 7. der Krimi – 8. die Sportsendung

2.2

eine – einen – was für einen – einen – was für – ein – Was für ein

3

1. Olli – 2. TV-Muffel – 3. Krimi-Fan – 4. Mona F.

4.1

1. falsch – 2. billig – 3. schlecht – 4. klein – 5. lang – 6. leise – 7. neu – 8. gesund – 9. schnell – 10. spät

4.2

2. Nein, ich finde Basketball im Fernsehen uninteressant. – 3. Nein, ich finde Justin Bieber unsympathisch. – 4. Nein, ich finde Lady Gaga nicht hübsch. – 5. Nein, ich finde Chips ungesund. – 6. Nein, ich finde Krimis für Kinder ungefährlich. – 7. Nein, ich finde Dokumentationen nicht langweilig.

Lösungen

5.1
1. hat … stattgefunden – 2. sind … aufgetreten – 3. hat … gewählt – 4. hat … gewonnen – 5. hat … moderiert – 6. haben … erlebt

5.2
2. auftreten – 3. wählen – 4. gewinnen – 5. moderieren – 6. erleben

5.3
Kleider – Schuhe – Augen – Haare – Shoppen – Musik machen – 2014

5.4
Sängerin – Schauspielerin – lustig – verrückt und intelligent – 2008 bis 2013 – besonders erfolgreich – spricht sie – hat sie 2011 – moderiert – verheiratet – eine Tochter und zwei Söhne

6.1
2. f – 3. h – 4. c – 5. b – 6. a – 7. d – 8. g

6.2
Nominativ: **m**: deutscher – **n**: tolles – **f**: interessante
Akkusativ: **n**: spannendes – **f**: lustige – **Pl.**: deutsche
Dativ: **m**: kleinen – **f**: großen – **Pl.**: deutschen

6.3
1. gute – 2. erfolgreicher – 3. deutschsprachiges – 4. internationale – 5. tolles – 6. wunderbare – 7. wichtigen – 8. neue – 9. verrückten – 10. schönen – 11. ersten – 12. jungen

6.4
a: 2. anderes – 3. verrücktes – 4. cooles – 5. verrückten – 6. neuer
b: 1. coole – 2. neue – 3. gute
c: 1. erfolgreiche – 2. junge – 3. deutschen – 4. kurzes
d: 1. hübsches – 2. sympathisches – 3. cooles – 4. spannenden
e: 1. sympathische – 2. nette – 3. neue – 4. guter – 5. tolle – 6. kurzes – 7. wunderbaren
f: 1. neue – 2. junge – 3. laute – 4. kleinen – 5. großen – 6. ersten

6.5
2. e – 3. X – 4. a – 5. c – 6. f

7.1
Wer: Nachrichtenmoderatorin Judith Rakers („Tagesschau"); *Beruf/Karriere:* Studentin bei Zeitungen und beim Radio – heute erfolgreich – viele Sendungen; *Sendungen:* Talkshow „3 nach 9" mit Giovanni di Lorenzo – „ESC" in Düsseldorf mit Stefan Raab und Anke Engelke; *Familie:* verheiratet; *Hobbys:* Karaoke – essen

7.2
Beispiel: Sie moderiert seit 2005 die „Tagesschau". Als Studentin hat sie schon bei Zeitungen und beim Radio gearbeitet. Heute hat sie viele Sendungen, zum Beispiel die Talkshow „3 nach 9" mit Giovanni di Lorenzo. 2011 hat sie mit Stefan Raab und Anke Engelke auch den „ESC" in Düsseldorf moderiert. Judith Rakers ist verheiratet, sie mag Karaoke und sie isst gern.

8.1
In der Schweiz sieht man weniger fern als in Deutschland. *In Deutschland* sieht man am meisten fern. *In Österreich* sieht man länger fern als in der Schweiz.

8.2
1. J – 2. I – 3. L

8.3
1. falsch – 2. richtig – 3. falsch – 4. falsch

8.4
Beispiel: 1. *Jonas sieht lieber im Internet fern, weil* das praktisch ist. / *weil* er das praktisch findet. – 2. Leonie sieht lieber Videos auf YouTube, weil das Programm für junge Leute ist. – 3. Ina sieht lieber Nachrichten von *LeFloid*, weil sie nicht so langweilig sind.

Alles klar?

1
1. Am Donnerstag kommt um Viertel nach acht auf RTL „Wer wird Millionär?". – 2. Am Montag kommt um 18:00 Uhr das „Quizduell" im Ersten. – 3. Die „Tagesschau" kommt täglich um 20:00 Uhr im Ersten. – 4. Die „Champions-League" ist eine Sportsendung.

2.1
1. b – 2. d – 3. a – 4. c

2.2
Beispiel: 1. Meine Lieblingssendung ist / heißt „Wer wird Millionär?". Das ist ein Quiz. – 2. Actionfilme finde ich blöd. / Ich finde, dass Actionfilme sehr spannend sind. – 3. Ich sehe oft Nachrichten, fast jeden Tag. – 4. Ich mag keine Sportsendungen und keine Serien. / Sportsendungen und Serien gefallen mir nicht.

3
Beispiel: LeFloid heißt richtig Florian Mundt. Er ist ein deutscher YouTuber, Videoblogger und Student. Für seine Arbeit hat er schon viele Preise bekommen. Im Juli 2015 hat er ein Interview mit Angela Merkel gemacht. Montags und donnerstags hat er ein Programm auf YouTube.

3|4 Leben in Deutschland

1b
1 – 2 – 4 – 5

1c
öffentlich: ARD, ZDF, Deutschlandradio
privat: RTL, Pro7, Vox

1d
1. falsch – 2. richtig – 3. falsch – 4. richtig

2b

	Roman Brendel	Sybille Meier	Jonas Funk
Alter	23	65	46
für/gegen Rundfunk-beitrag	gegen	für	für
Warum?	sieht sehr selten fern, sieht lieber YouTube-Videos	wichtig für Qualität, gutes Programm	Kinder sehen viel fern

2c

die eigene Meinung äußern		
zustimmen	widersprechen	unsicher sein
Ich finde es gut/richtig, weil ...	Meiner Meinung nach ist das falsch.	Ich bin nicht sicher.
Ja, das finde ich auch.	Ich denke nicht, dass ...	
Das stimmt.	Ich glaube, das stimmt nicht.	

3a
1. Müll sammeln – 3. zusammen singen – 4. Fußball spielen

3b
Wer? Menschen mit einem gemeinsamen Hobby
Was? machen etwas zusammen (z. B. singen, Sport)
Wie viele Personen? mindestens sieben Personen

3c
1. Umweltverein – 2. Karnevalsverein – 3. Singverein/Gesangsverein – 4. Fußballverein

4a
1. *Vereinsmitglieder:* Foto b – *Ehrenamtlich arbeiten:* Foto c – *Vereine in Zahlen:* Foto a
2. *Vereinsmitglieder:* Mitglied: im Verein anmelden und Mitgliedsbeitrag bezahlen – kündigen: nicht mehr im Verein sein wollen, schriftlich und zu einem konkreten Datum – *Ehrenamtlich arbeiten:* ehrenamtlich: arbeiten, kein Geld bekommen – *Vereine in Zahlen:* lange Tradition: seit vielen Jahren
3. *Vereinsmitglieder:* Was muss man ausfüllen? Was zahlt man pro Jahr auf das Vereinskonto? Wie kann man kündigen? – *Ehrenamtlich arbeiten:* Warum arbeiten viele Personen im Verein ehrenamtlich? (Als) Was arbeiten die Personen in einem Verein? / Was machen die Personen in einem Verein? – *Vereine in Zahlen:* Was für Vereine gibt es? Wie viele Vereine gibt es heute in Deutschland? Was für Vereine sind am beliebtesten?

5 Alltag oder Wahnsinn?

1.1
2. Mit einer App kann man Fahrpläne lesen. – 3. Mit einer App kann man sich über das Wetter informieren. – 4. Man kann mit einer App den Alltag organisieren und Zeit sparen. – 5. Man kann mit einer App eine Reise planen. – 6. Mit einer App kann man eine Apotheke in der Nähe finden.

1.2
1. c – 2. d – 3. b – 4. a

1.3
1. zwischen – bis – ab
2. Bis – bis

1.4
1. Bis wann hast du / haben Sie am Sonntag geschlafen? –
2. Ab wann bist du / sind Sie im Urlaub? –
3. Wann bist du / sind Sie morgen zu Hause?

1.5
2. Der Bus fährt ab sechs Uhr. – 3. Ich arbeite heute bis 17 Uhr. – 4. Ich habe ab Montag Urlaub. – 5. Ich trainiere zwischen 20 und 23 Uhr im Fitnessstudio. – 6. Ich brauche die Informationen bis morgen.

2.1
2. Sabine Müller zieht ihren Sohn an, dann zieht sie sich an. – 3. Sabine Müller kämmt sich, dann kämmt sie ihren Sohn. – 4. Sabine Müller sieht ihren Sohn an, dann sieht sie sich (im Spiegel) an.

2.2
euch – mich – dich – uns – sich – sich – euch

2.3
a 5 – b 7 – c 8 – d 2 – e 1 – f 3 – g 6 – h 4

2.4
2. Sie trinkt um 6:20 Uhr / um 20 nach sechs Tee. –
3. Um 6:35 / um fünf nach halb sieben liest sie Zeitung und frühstückt. –
4. Sie wäscht sich um sieben Uhr. –
5. Um 7:15 Uhr / um Viertel nach Sieben zieht sie sich an. –
6. Um 7:30 Uhr / um halb acht kämmt sie sich. –
7. Sie geht um 7:55 Uhr / um fünf vor acht aus dem Haus. –
8. Um acht Uhr nimmt sie die U-Bahn.

2.5
2. Um zwanzig nach sechs hat sie Tee getrunken. –
3. Um fünf nach halb sieben hat sie Zeitung gelesen und gefrühstückt. –
4. Um sieben Uhr hat sie sich gewaschen. –
5. Um Viertel nach sieben hat sie sich angezogen. –
6. Um halb acht hat sie sich gekämmt. –
7. Um fünf vor acht ist sie aus dem Haus gegangen. –
8. Um acht Uhr hat sie die U-Bahn genommen.

Lösungen

3.1
2. Nein, ich habe mich noch nicht rasiert. – 3. Nein, ich habe mich noch nicht gekämmt. – 4. Nein, ich habe mich noch nicht gewaschen. – 5. Nein, ich habe mich noch nicht geschminkt. – 6. Nein, ich bin noch nicht aufgestanden.

3.3
2.

3.4
a 4 – b 3 – c 2 – d 1

4.1
1. haben – kommen
2. kochen – machen
3. bringen – vorlesen
4. waschen – aufhängen

4.2
b

4.3
Beispiel: 1. Sascha findet, dass die Arbeit sehr anstrengend ist. Aber die Bar ist cool. – 2. Sascha arbeitet von 21 Uhr bis fünf Uhr morgens. – 3. Vor der Arbeit hilft er Paul bei seinen Hausaufgaben und er isst zusammen mit seiner Familie. – 4. Sascha schläft von sechs Uhr bis halb eins. – 5. Sascha und Julia streiten sich manchmal, weil Sascha selten zu Hause ist und Julia fast nie sieht.

5.1
1. a – 2. b – 3. b – 4. a – 5. b – 6. a

5.2
1. c – 2. e – 3. a – 4. b – 5. d

5.3
1. freust ... dich – 2. streitet ... euch – 3. ärgerst ... dich – 4. uns beeilen – 5. fühlst ... dich

5.4
2. *Wir* streiten uns immer, weil wir beide gern diskutieren. – 3. *Ich* ärgere mich, weil wir uns immer streiten. – 4. *Wir* müssen uns beeilen, weil die U-Bahn in zehn Minuten kommt. – 5. *Ich* fühle mich schlecht, weil ich viel Stress habe.

6.1
passt nicht: 2

6.2
1. a – 2. a – 3. b – 4. b – 5. b

7.1
passt nicht: 1. das Hallenbad – 2. der Spiegel – 3. die Wäsche

7.2
oft sehr anstrengend – für mich eine gute Erholung – gibt es ein schönes Hotel – kann ich baden – trainieren – mich gut entspannen – gehe gern schwimmen – im Winter – am liebsten allein

7.3
1. b – 2. X (*passt nicht*) – 3. c – 4. a

7.4
1. c – 2. a – 3. e – 4. d – 5. b

7.5
Text a: 5. b
Text b: 1. c – 2. a – 3. e
Text c: 4. d

7.6
passt nicht:
1. furchtbar – dunkel – Stress – nicht – schlimme
2. sympathisch – sehr – immer – günstig – gefreut

7.8
1.

7.9
1. ja – 2. ja – 3. nein – 4. nein – 5. ja – 6. ja

Alles klar?

1
1. *Mit einer App kann man* den Alltag organisieren und Zeit sparen. – 2. Mit einer App kann man eine Reise planen. – 3. Man kann mit einer App Fahrpläne lesen. – 4. Mit einer App kann man sich über das Wetter informieren. – 5. Man kann mit einer App eine Apotheke in der Nähe finden.

2
1. Ich stehe zwischen halb sieben und sieben / zwischen 6:30 Uhr und 7:00 Uhr auf. – 2. Zwischen Viertel vor sieben und fünf nach sieben / Zwischen 6:45 Uhr und 7:05 Uhr wasche ich mich. – 3. Bis Viertel nach sieben / Bis 7:15 Uhr ziehe ich mich an. – 4. Ab Viertel nach sieben / Ab 7:15 Uhr frühstücke ich. – 5. Ab halb sieben / Ab 6:30 beeile ich mich.

3
Beispiel: 1. Ich finde das blöd. / Da fühle ich mich schlecht. / Das ärgert mich. / 2. Ich finde das blöd. / Das ärgert mich. / Ich bin sauer.

4
Beispiel: 1. *Wir hatten* eine wunderbare Zeit hier. – 2. Wir haben uns sehr gut erholt. – 3. Das Hotel ist schön und sehr günstig. – 4. Der Fitnessbereich ist klasse. – 5. Die Ruheräume haben uns sehr gut gefallen und der Service war toll. – 6. Wir kommen bestimmt wieder.

6 Die schwarzen oder die bunten Stühle?

1.1
1. falsch – 2. richtig – 3. falsch – 4. falsch – 5. richtig

1.2
Nominativ: **m**: kleiner – **n**: langes
Akkusativ: **m**: großen – **n**: kleines – **f**: helle
Dativ: **n**: kleinen – **Pl.**: unbequemen

1.3
gut<u>en</u> – gemütliche – klein<u>en</u> – klein<u>en</u> – groß<u>en</u> – schön<u>en</u> – groß<u>es</u> – alt<u>en</u> – klein<u>es</u> – groß<u>en</u> – neu<u>er</u> – alt<u>en</u> – bequem<u>es</u> – alt<u>en</u> – eigen<u>es</u> – eigen<u>e</u>

1.4
das *Regal*, -e – die *Tasche*, -n – das *Telefon*, -e – der *Stift*, -e – das *Heft*, -e – der *Schreibtischstuhl*, -ü-e – der *Papierkorb*, -ö-e

1.5
2. Das altmodisch<u>e</u> Telefon kostet 25 Euro. – 3. Die weiß<u>e</u> Schreibtischlampe kostet 39 Euro. – 4. Die blau<u>en</u> Hefte kosten 4,99 Euro. – 5. Der rot<u>e</u> Papierkorb kostet 19,90 Euro. – 6. Das klein<u>e</u> Bücherregal kostet 239 Euro. – 7. Die gelb<u>e</u> Tasche kostet 175 Euro. – 8. Die bunt<u>en</u> Stifte kosten 7,90 Euro.

1.7
Beispiel: 2. Ich finde das altmodische Telefon schön. – 3. Ich finde die weiße Schreibtischlampe altmodisch. – 4. Ich finde die blauen Hefte praktisch. – 5. Ich finde den roten Papierkorb hässlich. – 6. Ich finde das kleine Bücherregal schön. – 7. Ich finde die gelbe Tasche teuer. – 8. Ich finde die bunten Stifte günstig.

1.9
Beispiel: 1. …, aber auf Bild 2 steht er zwischen den Büchern in dem kleinen Regal. – 2. Auf Bild 1 liegt die blaue Jacke auf dem grünen Stuhl, aber auf Bild 2 liegt sie auf der roten/großen Lampe. – 3. Auf Bild 1 steht der schwarze Fernseher auf dem grünen Tisch, aber auf Bild 2 steht er in dem großen Regal. – 4. Auf Bild 1 liegt der bunte Teppich unter dem blauen Stuhl, aber auf Bild 2 liegt er unter dem gelben Tisch. – 5. Auf Bild 1 steht die große Pflanze neben der roten/großen Lampe, aber auf Bild 2 steht sie neben dem blauen Stuhl. – 6. Auf Bild 1 stehen die kleinen Bilder in dem großen Regal, aber auf Bild 2 stehen sie auf dem gelben Tisch. – 7. Auf Bild 1 hängt die weiße Gardine vor dem kleinen Fenster, aber auf Bild 2 hängt sie vor dem großen Fenster. – 8. Auf Bild 1 steht die weiße Lampe auf dem gelben Tisch, aber auf Bild 2 steht die weiße Lampe auf dem grünen Tisch.

2.1
Beispiel: Ich habe ein großes Bett, einen schwarzen Stuhl, eine blaue Lampe, eine kleine Pflanze, eine weiße Gardine, einen günstigen Fernseher, ein modernes Sofa und einen grünen Teppich.

2.2
Beispiel: Das große Bett ist altmodisch. Ich möchte das große Bett wegwerfen. – Die blaue Lampe ist schön. Ich möchte die blaue Lampe nicht wegwerfen. – Das moderne Sofa ist praktisch. Ich möchte das moderne Sofa nicht wegwerfen. – Der grüne Teppich ist hässlich. Ich möchte den grünen Teppich wegwerfen.

3.1
1. e – 2. d – 3. b – 4. a – 5. c

4.1
Nominativ:
m: de**r** blaue Anzug – ein blaue**r** Anzug – kein blaue**r** Anzug
n: da**s** grüne Kleid – ein grüne**s** Kleid – kein grüne**s** Kleid
f: di**e** rote Bluse – eine rot**e** Bluse – keine rot**e** Bluse
Pl.: di**e** gelben Schuhe – gelb**e** Schuhe – kein**e** gelben Schuhe
Akkusativ:
m: de**n** blauen Anzug – eine**n** blauen Anzug – keine**n** blauen Anzug
n: da**s** grüne Kleid – ein grüne**s** Kleid – kein grüne**s** Kleid
f: di**e** rote Bluse – ein**e** rote Bluse – kein**e** rote Bluse
Pl.: di**e** gelben Schuhe – gelb**e** Schuhe – kein**e** gelben Schuhe
Dativ:
m: de**m** blauen Anzug – eine**m** blauen Anzug – keine**m** blauen Anzug
n: de**m** grünen Kleid – eine**m** grünen Kleid – keine**m** grünen Kleid
f: de**r** roten Bluse – eine**r** roten Bluse – keine**r** roten Bluse
Pl.: de**n** gelben Schuhe**n** – gelbe**n** Schuhe**n** – keine**n** gelben Schuhe**n**

4.2
Der graue Anzug? Das weiß ich nicht. Hier ist kein grauer Anzug. – Das grüne Kleid? Das weiß ich nicht. Hier ist kein grünes Kleid. – Die rote Bluse? Das weiß ich nicht. Hier ist keine rote Bluse. – Die gelben Schuhe? Das weiß ich nicht. Hier sind keine gelben Schuhe.

4.3
Der graue Anzug? Nein, ich sehe keinen grauen Anzug. – Das grüne Kleid? Nein, ich sehe kein grünes Kleid. – Die rote Bluse? Nein, ich sehe keine rote Bluse. – Die gelben Schuhe? Nein, ich sehe keine gelben Schuhe.

5.1
1. groß – klein
2. hoch
3. schwer – leicht
4. teuer – günstig – billig
5. rot – grün – blau
6. Glas – Keramik – Stoff – Metall

Lösungen

5.2
2. Der Tisch ist aus Glas (und Metall). – 3. Die Teller sind aus Keramik. – 4. Der Lampenschirm ist aus Stoff. – 5. Die Stühle sind aus Metall.

5.3
Gestern habe ich eine besondere Lampe gekauft. Der schwarze Fuß ist aus Metall. Der gelbe Lampenschirm ist aus Stoff. Die Lampe macht ein sehr warmes Licht. Leider war die Lampe nicht billig. Sie hat 495 Euro gekostet.

5.4
Laptop 1: 690 Euro – 1,2 kg – (ein dunkles) Rot – *interessant*
Laptop 2: 479 Euro – 1,1 kg – schwarz – normal/langweilig

5.5
Beispiel: Laptop 1 ist teurer als Laptop 2. Laptop 2 ist leichter als Laptop 1. (Das Design von) Laptop 1 ist interessanter als (das Design von) Laptop 2.

5.6
Guten Tag, mein Name ist …, ich möchte einen Laptop bestellen. – Das ist die 235809 DX. – Nein, am Ende 09, nicht 90. Also 235809 DX. – Aha, was kostet der jetzt? – Oh, das ist gut. Wann kommt der Laptop? – Mein Familienname ist …, mein Vorname ist … Ich wohne in … – Danke schön. Auf Wiederhören.

5.8
235809 DX – Laptop – rot – 1 – 649

6.1
1. d – 2. c – 3. b – 4. a

6.2
1. Ein Artikel fehlt. – 2. Die Farbe ist falsch. – 3. Der Artikel ist kaputt. – 4. Ich habe falsch bestellt.

6.3
Beispiel: 1. Herr Diemer hat seine Regenschuhe reklamiert, weil sie kaputt waren. Frau Schuhmann hat Kleidung reklamiert, weil sie falsche Sachen bekommen hat.

6.4
1. falsch – 2. richtig – 3. falsch – 4. falsch – 5. richtig – 6. richtig

7.1
1. b – 2. b – 3. c – 4. a – 5. c – 6. b

7.2
Beispiel:
Lieber Mike,
danke für deine E-Mail. Ich habe mich sehr gefreut. Ich bin gerade in Hamburg bei meiner Oma. Das ist auch sehr nett. Sie hat viel Zeit und zeigt mir die Stadt. Upcycling klingt sehr interessant. Ich kenne das auch ein bisschen. Zum Beispiel kann man aus alten Plastiktüten schöne Taschen oder Schmuck machen. Ich finde, dass das eine tolle Sache ist. Heute gibt es so viel Müll, deshalb ist es wichtig, dass wir umweltbewusst sind.
Wann kommst du wieder nach Leipzig? Wir können doch mal zusammen shoppen gehen. In Leipzig gibt es auch viele interessante Geschäfte. Hast du Lust?
Liebe Grüße
Lena

Und in Ihrer Sprache?
Beispiel:
Was? am 31.10. ein Sofa bestellt, Sofa da;
Termin? am 25.11. zwischen 10 und 15 Uhr liefern: okay – oder lieber Termin im Dezember? anrufen!;
Telefon? 02634-643190

Alles klar?

1
Beispiel: 1. Den schwarzen Stuhl finde ich modern, aber der gelbe Stuhl ist altmodisch. – 2. Die rote Lampe finde ich hässlich, aber die blaue Lampe finde ich elegant. – 3. Das blaue Sofa finde ich schöner als das braune Sofa.

2
1. a – 2. b – 3. b – 4. b

3
Jacke – blau – 1 – 44,90

4
Beispiel: Guten Tag, mein Name ist … Ich habe ein Problem. Ich habe einen Spiegel bei Ihnen gekauft. Er ist leider kaputt. Deshalb möchte ich ihn reklamieren. – *Guten Tag, mein Name ist … Ich habe ein Problem. Ich habe* bei Ihnen eine grüne Tasche bestellt, aber ich habe eine gelbe Tasche bekommen. Ich möchte die Tasche reklamieren, weil sie die falsche Farbe hat.

5|6 Leben in Deutschland

1a
1. die Leihoma – 2. die Ganztagsschule – 3. die Tagesmutter – 4. der Hort

2a
4. – 5. – 6.

2b
1. B – 2. F – 3. L – 5. L – 6. F

3a
Wohin? Landhaus mit vielen Tieren – Katzen, Hunde (Kaninchen, Pferde)
Wann? vom 21.5. um 8:45 Uhr bis zum 24.5. um 13:10 Uhr
Wie viel? 157 Euro

3c
1. die Tochter ihre Medikamente nicht gleich findet. –
2. die Jungs den ganzen Abend mit ihren Handys spielen. – 3. die Tochter viel weint und die ganze Zeit nach Hause möchte.

3d
Angst – besorgt – fürchte

4b
beim Jobcenter Geld beantragen (Formular ausfüllen und schicken) – mit dem Klassenlehrer sprechen

7 Wohin kommt das Sofa?

1.1
1. Maxglan liegt westlich von der Altstadt. – 2. *richtig* – 3. Der Zoo liegt südlich vom Zentrum. – 4. Die Ferienregion Salzkammergut liegt östlich von Salzburg.

1.2
passt nicht: im Norden – südlich – im Westen – im Osten

1.3
2. Die Altstadt liegt im Zentrum von Salzburg.
3. Der Dom liegt im Süden von der Altstadt.
4. Der Flughafen liegt im Westen von Maxglan.

2.1
zentral – Altbauwohnung – Mieten – günstiger – auf dem Land – verkehrsgünstig – in der Nähe von – bequem

2.2
Alex aus Kanada: B – *Li aus China:* A – *Pavel aus Polen:* D

3.1
1. Heizung – 2. Strom – 3. Vermieter – 4. Mieter – 5. Nebenkosten – 6. Quadratmeter – 7. Erdgeschoss – 8. Obergeschoss

3.2
Wohnung 1: 78 m^2 – 2 Zimmer – 956 € – 70 € – 17:30 Uhr – Beethovenstraße 71, 1.OG
Wohnung 2: 98 m^2 – 3 Zimmer – 1280 € – 0 € – 19:15 Uhr – Heilbrunner Allee 19, EG

5.1
2. in – 3. vor – 4. auf – 5. neben – 6. an – 7. über – 8. unter – 9. zwischen

5.2
1. *Die Fahrräder stehen zwischen der Kiste und* dem Sessel. – 2. Das Spielzeug liegt in der Kiste. – 3. Die Kiste steht vor/unter dem Fenster. – 4. Der Tisch steht (rechts) neben der Kiste. – 5. Die Kaffeemaschine steht unter dem Tisch. – 6. Die Stühle liegen vor/neben dem Tisch. – 7. Das Bild hängt hinter dem Sofa an der Wand. – 8. Der Computer liegt auf dem Sessel. – 9. Die Bücher liegen unter dem Sofa. – 10. Der Fernseher liegt auf dem Sofa.

6.1
ins – auf den – ins – auf das – auf das – in die – in den – in den – in den – ins – über das – zwischen die – an die

6.2
2. Auf dem Küchentisch? Aber der Computer kommt auf den Schreibtisch! – 3. Neben der Kaffeemaschine? Aber die Lampe kommt neben die Pflanze! – 4. Zwischen den Regalen? Aber das Sofa kommt zwischen die Fenster! – 5. Im Schlafzimmer? Aber die Kiste mit den Büchern kommt ins Arbeitszimmer!

6.3
1. *Der Computer* liegt auf dem Sessel, aber er kommt auf den Schreibtisch. – 2. Die Kaffeemaschine steht unter dem Tisch, aber sie kommt ins Regal. – 3. Die Katzenbox steht neben dem Sofa, aber sie kommt in den Schrank. – 4. Die Schlüssel liegen auf dem Tisch, aber sie kommen an die Wand.

7.1
a

7.2
1. a – 2. c – 3. b – 4. c – 5. c

8.1

8.2
2. Der schwarze Sessel kommt ins Wohnzimmer an die Wand zwischen den Balkon und die Küche. – 3. Der große Schrank kommt ins Schlafzimmer links neben die Tür. – 4. Der kleine Schrank kommt ins Kinderzimmer zwischen das Bett und das Fenster. – 5. Die große Lampe kommt ins Arbeitszimmer neben den Schreibtisch vor das Fenster.

9.1
1. Einweihungsparty – 2. besorgen – 3. Bauarbeiten – 4. Haustier – 5. verschenke – 6. vorbeikommen

9.2
1. b – g – d – a
2. c – e – f

9.3
kostenlos – Ich reise für zwei Monate – in meiner Wohnung – 89 Quadratmeter/m^2 groß – die Nebenkosten bezahlen – Strom – Wasser – Heizung – ein Haustier – Er ist sehr süß – gießen Sie auch meine Pflanzen – rufen Sie mich an: 0176 5254337

einhundertfünfundzwanzig

Lösungen

Alles klar?

1
1. b – 2. a – 3. d – 4. f – 5. c – 6. e

2
Beispiel: 1. *Die Wohnung* liegt ruhig. – 2. Ich wohne nördlich vom Zentrum. – 3. Die Miete ist sehr günstig. – 4. Meine Wohnung liegt in der Nähe vom Bahnhof.

3
Beispiel: 1. Ist die Wohnung im Ostend noch frei? – 2. Wie hoch ist die Miete? – 3. Wie hoch sind die Nebenkosten? – 4. Wann kann ich die Wohnung besichtigen? – 5. Wo ist/liegt die Wohnung?

4
2. Der Sessel kommt ins Wohnzimmer zwischen die Tür und das Fenster. – 3. Die Bücher kommen ins Arbeitszimmer unter den Schreibtisch. – 4. Das Spielzeug kommt ins Kinderzimmer auf das Regal. – 5. Der Spiegel kommt ins Bad an die Wand. – 6. Die Fahrräder kommen in den Keller neben den Schrank.

8 Lebenslinien

1.1
2. Unterricht – 3. Klasse – 4. hat ... geliehen – 5. streng – 6. haben ... unterhalten – 7. Böse – 8. Hof

1.2
Thomas: 2 – Ben: 1

1.3
Thomas: 1. – 2. – 3. – 5. – 7. – 9.
Ben: 2. – 4. – 6. – 7. – 8.

2.1
Könnt – darfst/kannst – darf/kann – musst – können – können

2.2
wollen: du wolltest – er/es/sie wollte – wir wollten – sie/Sie wollten
müssen: ich musste – du musstest – wir mussten – ihr musstet – sie/Sie mussten
können: du konntest – er/es/sie konnte – wir konnten – ihr konntet
dürfen: ich durfte – er/es/sie durfte – wir durften – ihr durftet – sie/Sie durften
sollen: du solltest – er/es/sie sollte – ihr solltet – sie/Sie sollten

2.3
1. Wir durften – 2. Wir mussten – 3. Wir mussten – 4. Wir durften – 5. Wir mussten – 6. Wir durften

2.4
wollte – konnte – wollte – musste – wollte – mussten
durften/konnten – mussten – konnte – Durftet/Konntet
durften/konnten – musste

3.1 + 3.2
2. Ja, ich durfte einen eigenen Fernseher haben. / Nein, ich durfte keinen eigenen Fernseher haben. – 3. Ja, ich durfte abends Freunde treffen. / Nein, ich durfte abends keine Freunde treffen. – 4. Ja, ich durfte ein Handy haben. / Nein, ich durfte kein Handy haben. – 5. Ja, ich musste im Winter eine Mütze tragen. / Nein, ich musste im Winter keine Mütze tragen. – 6. Ja, ich musste in der ersten Klasse Hausaufgaben machen. / Nein, ich musste in der ersten Klasse keine Hausaufgaben machen.

4.1
1. in den Kindergarten gehen – 2. zur Grundschule gehen – 3. zur Realschule gehen – 4. aufs Gymnasium gehen – 5. *das Abitur machen* – 6. an der Universität studieren

4.2
1. Schüler – 2. geboren – 3. Ausbildung – 4. Studium – 5. Note – 6. Klasse – 7. Zeugnis – 8. Erfolg – 9. wechseln
Lösung: Klassenfahrt

4.3
a 2 – b 1

4.4
Marina Meierfeld: 1986 – 2004 – Ausbildung – Fotografin
Katja Brunner: 1973 – 1991 – Deutsch – Sport – Lehrerin / Tanzlehrerin

5
2. die Wohnung – 3. die Bestellung – 4. die Einladung – 5. die Hoffnung – 6. die Heizung. – 8. die Gesundheit – 9. die Krankheit – 10. die Kindheit

6.1
Beispiel: Von 1993 bis 1997 ist Birgitta zur Grundschule gegangen, danach hat sie von 1997 bis 2002 die Realschule besucht. 2002 hatte sie nicht so gute Noten. Dann hat sie von 2002 bis 2004 eine Ausbildung zur Sachbearbeiterin gemacht. Von 2004 bis 2009 hat sie an der Universität Kunst studiert. 2011 hat sie eine Stelle in einem Museum bekommen und heute organisiert sie Ausstellungen.

6.2
zur Grundschule gegangen – von 1997 bis 2002 – nicht so gute Noten – nicht studieren – eine Ausbildung zur Sachbearbeiterin mache – das Abitur gemacht – an die Universität gegangen – habe ich Kunst studiert – arbeite ich in einem Museum

7
1. c – 2. b – 3. b – 4. c – 5. a

8.1
geboren – Brüder – Abitur – Studium – Ausbildung – Arbeit – Fernsehserien – Erfolg – verheiratet – umgezogen

8.2

Beispiel: Til Schweiger ist ein großer erfolgreicher Schauspieler und Filmemacher. Er ist am 19.12.1963 in Freiburg geboren und hat zwei Brüder. Seine Eltern sind beide Lehrer. Sein Abitur hat er an der Herderschule Gießen gemacht. Dann hat er Deutsch und Medizin studiert, aber er hat keinen Abschluss gemacht. 1986 hat er eine Ausbildung zum Schauspieler angefangen und 1989 hat er am Theater in Bonn gearbeitet. Danach hat er in vielen Fernsehserien gespielt und erste Kinofilme gemacht. 2003 hatte er viel Erfolg mit dem Hollywood-Film *Tomb Raider* (mit Angelina Jolie). Seit 2007 macht er fast jedes Jahr einen Film und seit 2011 hat er einen Stern auf dem *Boulevard der Stars* in Berlin. Von 1995 bis 2014 war er mit Dana Schweiger verheiratet. Er hat vier Kinder. Drei sind Schauspieler. Bis 2004 hat er in den USA gelebt, dann ist er nach Hamburg umgezogen.

Alles klar?

1

1. War dein/Ihr Schulweg sehr lang? – 2. Musstet ihr / Mussten Sie viele Hausaufgaben machen? – 3. War deine/Ihre erste Lehrerin streng? – 4. Durftest du / Durften Sie bei Regen draußen spielen? – 5. Musstest du / Mussten Sie viel im Haushalt helfen? – 6. Hattet ihr / Hatten Sie Computer in der Schule?

2.1

a 2 – b 3 – c 1 – d 5 – e 8 – f 6 – g 4 – h 7

2.2

1. d – 2. a – 3. b – 4. h – 5. g – 6. f

3

1. + 2. Unglaublich! / Das ist nicht wahr! / Wie bitte? / Das kann doch nicht sein! / Wirklich?

7|8 Leben in Deutschland

1a

den Müll – das Wasser – den Strom – die Heizung

1d

1. falsch – 2. richtig – 3. richtig – 4. falsch

2a

1. Winterdienst – 2. Haftpflichtversicherung – 3. neue Vorauszahlung – 4. Gesamtvorauszahlung – 5. Müllgebühren – 6. Grundsteuer

4a

a 3. – b 2. – c 4. – d 1.

4b

1. *der* Vertrag – 2. die Kündigung – 3. der Stromanbieter – 4. bestätigen – 5. der Stromwechsel

4c

den Stromanbieter wechseln – einen Anbieter suchen – Vertrag kündigen – Vertrag ausfüllen

5a

Er hat den Wechsel nicht bestätigt.

5b

Ich glaube, ich habe da etwas falsch verstanden – *Oh, Entschuldigung*, das habe ich nicht gewusst

Hörtexte

Hier finden Sie alle Hörtexte, die nicht oder nicht komplett in den Einheiten abgedruckt sind.

1 Auf Reisen

1.5
- Hartmann.
- Hallo, Sandra, ich bin's, Florian.
- Hallo! Bist du schon aus dem Urlaub zurück? Wie war denn die Reise?
- Na ja, wir haben drei Tage bis nach Athen gebraucht – mit dem Auto dauert es lange.
- Und was habt ihr in Athen gemacht?
- Wir sind vier Tage in Athen geblieben und haben die Stadt mit ihren Sehenswürdigkeiten besichtigt. Du weißt schon, die Akropolis, ein paar Kirchen und Museen ... Und ich habe sehr viele Fotos gemacht.
- Das glaube ich. Und dann? Ihr hattet doch drei Wochen Urlaub!
- Nach fünf Tagen sind wir dann mit dem Schiff auf die Insel Paros gefahren. Dort wohnt eine Freundin von mir – Ariadne. Wir haben sie besucht und haben dort auch gewohnt.
- Gibt es auf Paros viele Sehenswürdigkeiten?
- Na ja, nicht so viele. Wir waren jeden Tag am Strand und sind schwimmen gegangen. Der Strand dort ist super! Und abends sind wir mit Ariadne in die Disko oder in eine Bar gegangen. Wir haben viele Leute kennengelernt – aus den Niederlanden, aus Russland und – klar – auch viele Griechen.
- Da habt ihr nicht viel geschlafen, oder?
- Doch, wir haben dann immer am Vormittag geschlafen. Am letzten Wochenende waren wir auch in den Bergen – ganz toll! Und dann sind wir wieder nach Bremen zurückgefahren.
- Und seid ihr auch wieder direkt zurückgefahren? Also drei Tage im Auto ohne Pause?
- Nein. Wir haben einen Tag Pause in Linz gemacht und haben dort ein Konzert besucht.
- Und am Montag musst du wieder arbeiten?
- Ja, leider. Das ist immer....

4.2
- Jan Schmidt.
- Hallo, Jan! Hier ist Verena. Wir haben uns lange nicht gehört. Wie geht es dir?
- Hallo, Verena, mir geht's super. Ich besuche gerade Marcel in Neustadt in der Schweiz.
- Oh, klasse! Und, wie gefällt dir Neustadt? Was hast du gemacht?
- Es ist sehr schön hier. Ich habe jetzt nur ein kleines Problem.
- Ein Problem?
- Ja, ich suche mein Fahrrad. Ich war gestern mit dem Fahrrad im Zentrum. Dann hat es aber geregnet und ich bin mit dem Bus zurück zu Marcels Wohnung gefahren. Das Fahrrad steht noch im Zentrum. Aber wo?
- Oh je! Du weißt nicht, wo das Fahrrad steht?
- Nein, leider nicht. Das habe ich vergessen. Tja, jetzt muss ich es suchen.
- Dann erzähl mal: Wo warst du gestern? Wie bist du gefahren?

4.3
- Dann erzähl mal: Wo warst du gestern? Wie bist du gefahren?
- Also von Marcels Haus bin ich zuerst zum Stadttor gefahren. Das ist gegenüber vom Bahnhof. Ich habe das Tor fotografiert und bin fast gegen eine Ampel gefahren. Danach bin ich durch das Stadttor bis zum Park gefahren. Gegenüber vom Park gibt es eine Eisdiele, dort habe ich ein Eis gegessen. Dann bin ich nach links gefahren und weiter geradeaus durch den Park. Ich bin auch an einer Bank vorbeigefahren. Das weiß ich noch.
- Okay, und dann?
- Dann war ich noch ein bisschen shoppen: Zuerst in einer Buchhandlung, dann in einer Boutique. Ich habe mir zwei Hosen gekauft. Dann bin ich aus dem Geschäft gekommen und es hat geregnet und ich habe den Bus zu Marcels Haus genommen. Mensch, jetzt weiß ich es wieder: Das Fahrrad steht vor der Boutique, gegenüber von der Bushaltestelle. Ja, da muss es stehen. Da habe ich ...

6.2
Dann müssen Sie eine Verlustanzeige machen. Wir müssen zuerst ein Formular ausfüllen. – Wann und wo haben Sie den Schlüssel verloren? – Sagen Sie mir bitte Ihren Namen, Ihre Adresse und Ihre Telefonnummer. – Gut, dann müssen Sie hier das Formular unterschreiben. – Hier unten bitte. Gut, wir rufen Sie an, wenn wir Ihren Schlüssel finden.

7.3
Wien hat viele Sehenswürdigkeiten, zum Beispiel den Stephansdom im Zentrum. Der Stephansdom ist eine Kirche. Es gibt ihn seit 1147 und er ist 137 Meter hoch. Dann gibt es auch das Hundertwasserhaus. Der Architekt war Friedensreich Hundertwasser. Das Haus ist bunt und sehr interessant. Aber in dem Haus wohnen auch Leute. Es gibt dort 50 Wohnungen. Auch der Wiener Prater – das ist ein Park – ist sehr bekannt. Das Riesenrad kennt jeder. Hier gibt es viele Karussells, viele Restaurants und eine Disko.

8.1
Ich heiße Clara und ich wohne in Wiener Neustadt. Die Stadt ist nicht groß und auch nicht klein, sie ist ruhig, aber sie ist auch interessant. Es gibt genug Schulen und Arbeitsplätze und viele Freizeitangebote. Deshalb wohne ich sehr gern hier. Ich mag auch die Natur sehr gern. Wiener Neustadt hat viele Radwege und man braucht nur 15 Minuten, dann ist man in der Natur.

Deshalb kann man viel Sport machen und man muss nicht ins Fitnessstudio gehen. Touristen kommen auch nach Wiener Neustadt: Sie besuchen die Sehenswürdigkeiten oder sie gehen in der Fußgängerzone shoppen.

2 Ziele und Wünsche

1.2 + 1.3

👍 Willkommen zu Migration im 21. Jahrhundert. Welche Wünsche und Hoffnungen haben Sie? Das fragen wir heute im Studio Herrn Schweikert, Frau Simonis und Herrn Wang. Herr Schweikert, Sie möchten nach Schweden auswandern. Warum?

💬 Ich bin Arzt und arbeite jetzt in Hamburg. Aber die Arbeit gefällt mir hier nicht. Ich muss lange arbeiten und bekomme nicht sehr viel Geld. Ich möchte gerne nach Schweden gehen, weil die Chancen für Ärzte dort viel besser sind. Die Arbeit als Arzt ist dort nicht so schwer und man bekommt auch mehr Geld. Natürlich muss ich dann auch Schwedisch lernen, weil die Sprache für Ärzte sehr wichtig ist. Aber das ist kein Problem für mich, ich lerne gerne Sprachen. Ich mache jetzt schon einen Kurs. Der Lehrer ist sehr nett und es macht Spaß.

👍 Frau Simonis, Sie gehen nach Brasilien, haben Sie mir gesagt.

👍 Ja, ich gehe zu meinem Mann nach Brasilien. Er ist Brasilianer und hat hier in Deutschland studiert. Wir haben uns an der Uni kennengelernt, weil wir beide Architektur studiert haben. Er ist schon fertig und hat in Brasilien eine gute Stelle bekommen. Deshalb ist er sofort nach Brasilien zurückgegangen. Ich muss noch eine Prüfung machen, deshalb muss ich noch bis August hier bleiben. Das ist nicht einfach. Aber mein Mann und ich, wir skypen viel – manchmal zwei oder drei Stunden – besonders am Wochenende. In Brasilien will ich zuerst ein Praktikum bei einem Architektur-Büro machen. Ich möchte ja auch die Sprache lernen.

👍 Herr Wang, Sie sind aus China nach Deutschland gekommen. Sie sprechen sehr gut Deutsch. Was machen Sie in Deutschland?

👍 Ich bin Musikstudent, ich spiele Geige. Ich habe erst in Shanghai studiert und jetzt studiere ich an der Musikhochschule in München. Ich bin sehr zufrieden hier in Deutschland, im Land von Bach und Beethoven. Das war immer mein Traum. Hier sind auch die Chancen für Musiker besser. Es gibt hier in Deutschland viele Orchester, vielleicht finde ich später eine Stelle. Deutsch habe ich schon in der Schule in China gelernt, deshalb habe ich jetzt keine Probleme. Aber ich denke oft an meine Familie und Freunde in China, dann bin ich ein bisschen traurig. Wir können nur chatten und skypen. Meine Eltern waren noch nie in Deutschland. Ich hoffe, sie können mich bald auch einmal besuchen.

4.2

1. Entschuldigung, könnten Sie mir einen Stift geben, bitte?
2. Entschuldigung, könntet ihr die Flasche holen?
3. Entschuldigung, könntest du mir die Handynummer sagen?
4. Entschuldigung, könnten Sie ein Taxi rufen, bitte?

7.2

Ich bin Studentin und habe in Portugal Technik an der Universität studiert. Ich möchte gern ein Praktikum in Deutschland machen, weil es dort viele Firmen für Umwelttechnik gibt. Ich habe in der Schule Deutsch gelernt, aber ich habe viele Wörter vergessen und die Grammatik kann ich auch nicht mehr so gut. Aber ich habe viel allein wiederholt. Ich höre auch manchmal Radio auf Deutsch oder sehe Filme auf Deutsch. Jetzt kann ich schon viel verstehen, aber ich möchte auch noch einen Kurs machen, weil ich Deutsch ohne Fehler sprechen und schreiben möchte.

8.3

💬 Guten Tag, mein Name ist Lauris Rimkus. Ich möchte einen Kurs machen, ich möchte fotografieren lernen.

👍 Guten Tag, Herr Rimkus, bitte nehmen Sie Platz.

💬 Danke.

👍 Sie möchten einen Fotokurs bei uns machen? Ja, das ist möglich. Wir haben verschiedene Kurse in unserem Programm. Sind Sie Anfänger?

💬 Na ja, ich habe natürlich schon viel fotografiert, im Urlaub und so, aber ich habe noch nie einen Kurs gemacht. Ich habe mir ein Buch gekauft, aber ich habe nur sehr wenig gelesen. Es war sehr schwer, ich habe fast nichts verstanden, deshalb möchte ich lieber einen Kurs machen.

👍 Ja, in einem Kurs mit einem Lehrer kann man viel leichter lernen. Unsere Kurse sind auch nicht sehr groß, manchmal nur sechs bis acht Teilnehmer, maximal sind es zwölf Teilnehmer. Der Kursleiter hat also viel Zeit und kann viel erklären. Aber Sie brauchen eine Kamera.

💬 Das ist kein Problem, ich habe eine. Und wann finden die Fotokurse statt?

👍 Wir haben Intensivkurse am Wochenende, das sind dann am Samstag sechs Stunden und am Sonntag noch einmal sechs Stunden.

💬 Nein, am Wochenende kann ich nicht, da muss ich meistens arbeiten. Haben Sie auch einen Kurs in der Woche?

👍 Ja, es gibt auch einen Kurs in der Woche. Der ist immer am Mittwoch von 16 bis 18 Uhr.

💬 Das geht. Was kostet der Kurs?

👍 Moment ... der Kurs kostet 62 Euro.

💬 Hm, das ist nicht so billig.

👍 Ja, aber es sind auch sechs Termine und die Gruppe ist klein.

💬 Das stimmt, dann ist es günstig. Wann beginnt der Kurs?

einhundertneunundzwanzig

Hörtexte

○ Am 27.07. beginnt der nächste Kurs oder dann wieder im September, am 09.09.
● Nein, nein, ich möchte lieber jetzt anfangen. Das ist der nächste Mittwoch, oder?
○ Ja, genau, nächste Woche. Bitte sagen Sie mir noch einmal Ihren Namen …

Alles klar?

2
1. Sie möchten mit Frau Müller sprechen? Gerne. Einen Moment, ich verbinde.
2. Sprachinstitut Rose, mein Name ist Mittermeier, was kann ich für Sie tun?
3. Es tut mir leid, bei Frau Schmitt ist besetzt. Ich kann Ihnen die Durchwahl geben.
4. Guten Tag, Müller mein Name, ich möchte bitte mit Frau Tanner sprechen.

1|2 Leben in Deutschland

4a + 4b
○ Janina, kannst du bitte kommen?
● Ja, was brauchst du, Tarik?
○ Ich habe den Meldeschein für die Wohnung im Internet gefunden, aber ich verstehe leider nicht alles. Wohin schreibe ich die Adresse?
● Zeig mal, hm … Also, du hast die Adressen falsch geschrieben: „Bisherige Wohnung" ist deine Adresse in Stuttgart – dort hast du früher gewohnt. Hier – bei „Neue Wohnung" – schreibst du deine neue Adresse hier in Freiburg.
○ Ach so! Und was heißt „Nebenwohnung"?
● Nebenwohnung heißt: Du hast zwei oder drei Wohnungen. Du musst aber „einzige Wohnung" ankreuzen. Du hast nur eine Wohnung.

3 Hoch, höher, am höchsten

1.4
Wollen wir am Wochenende Volleyball spielen? – Wir können auch Klettern gehen. – Und was ist mit Kopf-Tischtennis? – Ich habe auch schon einmal Tango getanzt! Das war schön! Tango tanzen, was meinst du?

4.3
○ Weißt du, ich würde so gerne etwas Neues machen. Ich habe nur noch keine Idee. Barbara, ich habe gehört, dass du ganz viele Hobbys hast.
● Ja, das stimmt. Bei mir ist fast jeden Tag was los. Montags gehe ich abends immer schwimmen. Das ist gut für meinen Rücken und da kann ich entspannen.
○ Ich schwimme nicht so gerne. Stimmt es, dass du dienstags immer klettern gehst?
● Nein, nicht dienstags. Ich gehe donnerstags klettern. Der Kurs am Dienstag ist schon voll. Aber donnerstags sind noch Plätze frei. Komm doch mit!
○ Gute Idee, dann komm ich nächste Woche einfach mal mit. Und hast du auch noch andere Hobbys?
● Klar, Tangotanzen zum Beispiel. Ich mag sehr gern argentinische Musik. Ich gehe jeden Freitag mit meinen Kollegen Tango tanzen. Danach gehen wir immer in ein argentinisches Restaurant. Das ist ein guter Start ins Wochenende.
○ Wow, du bist ja richtig aktiv. Ich gehe nur einmal im Monat wandern. Früher habe ich auch Volleyball gespielt. Aber jetzt habe ich leider keine Zeit mehr. Aber du! An drei Tagen in der Woche machst du etwas.
● Nicht nur an drei Tagen. Dienstags mache ich nichts, da habe ich frei, aber mittwochs treffe ich regelmäßig ein paar Freunde. Wir kochen zusammen, weil wir alle gerne essen. Und samstags fahre ich morgens immer ein paar Stunden mit dem Fahrrad. Peter, tut mir leid, ich muss los, mein Tango-Kurs fängt gleich an. Dann bis nächste Woche beim Klettern. Du kommst doch mit, oder?
○ Na klar, bis nächste Woche. Tschüs.
● Tschüs, bis dann.

5
○ Und nun, liebe Sportsfreunde, hören Sie etwas über einen interessanten Sport: Das Becherstapeln. Dieser Sport kommt aus den USA. Man muss zwölf Becher stapeln – so schnell wie möglich. Man stapelt dreimal: zweimal drei Becher und einmal sechs Becher. Und der oder die Schnellste gewinnt. Unsere Reporterin Heide Müller war für Sie bei den deutschen Meisterschaften im Becherstapeln und hat mit ein paar Sportlern und Sportlerinnen gesprochen. Hören Sie nun ihre Reportage.
● Hallo! Ja, ich bin hier bei den deutschen Meisterschaften im Becherstapeln und neben mir steht Tina. Hallo, Tina! Du bist elf Jahre alt und schon zum dritten Mal mit deinem Team bei der deutschen Meisterschaft. Wie oft trainiert ihr?
○ Wir üben zweimal pro Woche in der Schule. In den Ferien trainieren wir nicht.
● Was gefällt dir am Becherstapeln?
○ Becherstapeln ist cool. Man muss sehr schnell sein und unser Team ist oft am schnellsten. Aber heute waren die anderen Teams leider besser. Na ja, wir sind ja beim nächsten Mal wieder dabei.
● Danke, Tina und viel Spaß noch. Neben mir steht jetzt Ralf. Hallo, Ralf, warum hast du das Hobby Becherstapeln?
○ Nun ja, der Sport ist toll. Ich bin ja schon etwas älter, bald werde ich 65 und Becherstapeln kann ich auch noch mit 70. Das Becherstapeln macht fit. Es trainiert die Reaktion und Koordination. Die Wettbewerbe machen viel Spaß und man trifft viele nette Leute. Es ist auch toll, dass hier auch so viele Kinder und junge Leute sind. Meine Enkelkinder

haben jetzt auch mit diesem Hobby angefangen und üben zu Hause in der Küche. Oh Entschuldigung, ich muss los, ich bin gleich dran.
- Vielen Dank, Ralf. Ja, liebe Hörerinnen und Hörer, das war's für heute von den deutschen Meisterschaften im Becherstapeln. Und damit zurück ins Studio ...

6.2
- In meiner Freizeit chatte ich viel und spiele gern Computerspiele. Aber am liebsten spiele ich draußen Fußball. Kannst du auch Fußball spielen?
- Na ja, ich finde Fußball gut, aber ich kann besser Volleyball spielen, und am besten kann ich klettern.
- Ich klettere auch. Und ich tanze gern und oft. Aber mein Lieblingshobby ist Kochen. Am liebsten koche ich Nudeln. Die kann ich am besten kochen.

8.2
Und hier noch ein Veranstaltungshinweis für unsere Kulturfreunde. Im Theater findet immer am ersten Sonntag im Monat ein Slam-Wettbewerb statt. Gedichte und Lieder im Wechsel. Spaß und Unterhaltung garantiert. Wer gewinnt? Das sagt das Publikum. Für jeden Poeten und jeden Sänger kann man Punkte geben. Und die Person mit den meisten Punkten gewinnt. Und wo findet der Slam statt? Im Stadttheater gegenüber vom Rathaus. Wann? Wie schon gesagt: immer am ersten Sonntag im Monat. Pünktlich um 19:00 Uhr geht es los. Wie viel kostet der Eintritt? Eigentlich ganz günstig, nur fünf Euro und für Kinder kostenlos. Also, nichts wie hin zur Literatur- und Musikshow im Stadttheater. Am nächsten Sonntag um sieben ist es wieder so weit. Viel Spaß!

Und in Ihrer Sprache?
- ... und Marc, was machst du gern in der Freizeit? Hast du Hobbys?
- Ja, ich fahre sehr gern Ski. Das ist total cool. Im Winter bin ich jedes Wochenende in den Bergen. Manchmal fahre ich allein und manchmal mit Freunden. Das macht viel Spaß. Und nach dem Skifahren kann man noch zusammen in ein Restaurant gehen und etwas essen und trinken. Das gefällt mir sehr. Aber es ist schade, dass Skifahren so teuer ist. Das finde ich nicht so gut. Das ...

4 Ein toller Fernsehabend

1.2
1. Wann und wo kommt die „Lindenstraße"? – Aha, die „Lindenstraße" kommt um zehn vor sieben im Ersten. Danke.
2. Wann und wo kommt „Wer wird Millionär?"? – Also um Viertel nach acht auf RTL. Das muss ich sehen!
3. Wann und wo kommt „Herr der Ringe"? – „Herr der Ringe" kommt um zehn nach zwei auf SAT.1? Okay.
4. Wann und wo kommt das „heute-journal"? – Um Viertel vor zehn im Zweiten ... Hm, das ist spät.
5. Wann und wo kommt „007"? – „007" kommt also um halb elf auf ProSieben. Super!

4.5
Siehst du gern fern? – Was für Sendungen siehst du regelmäßig? – Hast du eine Lieblingssendung? – Und was für andere Sendungen siehst du gern? – Was für Sendungen gefallen dir nicht? – Was für Sendungen gibt es in deinem Land?

5.3
Halli hallo, ihr Lieben da vor den Radios, es ist wieder Zeit für einen neuen Star. Heute stellen wir euch Conchita Wurst vor. Bestimmt kennt ihr alle Conchita Wurst. Doch wer ist sie wirklich? Conchita Wurst heißt eigentlich Thomas Neuwirth. Er ist ein österreichischer Sänger. Seit 2011 tritt er als Conchita Wurst auf. Conchita trägt bei ihren Shows oft elegante Kleidung: zum Beispiel lange Kleider und hohe Schuhe. Sie hat braune Augen, lange braune Haare und einen dunklen Bart. Conchita spricht gern und viel. Ihre Hobbys sind Shoppen, Musik machen und Interviews geben. Mit ihrem Song *Rise like a Phoenix* hat sie 2014 den Eurovision Song Contest in Kopenhagen gewonnen. So, ihr Lieben, nun habe ich genug erzählt, jetzt wollen wir endlich auch einen Song von ihr hören und hier ist er, der neue Song von Conchita Wurst ...

5.4
Anke Engelke ist eine deutsche Moderatorin, Sängerin, Schauspielerin und Komikerin. Sie kommt aus Kanada, aber sie lebt in Köln. Anke Engelke ist lustig, verrückt und intelligent. Von 2008 bis 2013 war sie mit ihrer Sendung „Ladykracher" auf SAT.1 besonders erfolgreich. Seit 2007 spricht sie die Stimme von Marge Simpson aus der Serie „Die Simpsons" auf Deutsch. Mit Stefan Raab und Judith Rakers hat sie 2011 den ESC moderiert. Anke Engelke war zweimal verheiratet und hat eine Tochter und zwei Söhne.

8.2 + 8.3 + 8.4
- Hallo, liebe Hörerinnen und Hörer, heute wollen wir in unserer Sendung junge Leute fragen, was sie über das Fernsehen denken. Neben mir steht Jonas. Jonas du bist 22 Jahre alt, wie oft siehst du in der Woche fern?
- Ich sehe selten fern. Ich bin viel draußen oder bei Freunden und nicht so oft zu Hause. Deshalb surfe ich lieber im Internet. Das finde ich praktischer, und man kann auch fernsehen, auch später. In der Mediathek finde ich alles.
- Leonie, du bist noch Schülerin, wie viele Stunden siehst du pro Tag fern?
- Fast gar nicht, ich sehe lieber Videos auf YouTube. Das Programm ist viel besser und die Leute sind jünger. Fernsehen ist doch für alte Leute. Ich finde *Die Lochis* klasse. Das sind zwei Brüder. Die beiden gehen noch zur Schule und machen coole Videos auf YouTube.

Hörtexte

🗨 Und du Ina? Schaust du auch *Die Lochis* auf YouTube?
👍 Nee, *Die Lochis* nicht, aber Nachrichten von LeFloid. Das ist auch ein YouTuber. Er hat sehr viele YouTube-Programme. Montags und donnerstags gibt es immer neue Nachrichten und Interviews. Die sind nicht so langweilig wie die Nachrichten im Fernsehen. Das ist viel besser und lustiger.
🗨 Danke euch! Nun noch eine letzte Frage: Glaubt ihr, dass man in 20 Jahren noch fernsieht?
👍 👍 👍 Nein!
🗨 Das war eine klare Antwort. Und das war's dann für heute aus meiner Sendung und weiter geht's mit dem aktuellen Song von Lena …

3|4 Leben in Deutschland

2b

🗨 Guten Tag, wir haben eine Umfrage zum Rundfunkbeitrag gemacht und haben Leute auf der Straße gefragt: Wie ist Ihre Meinung zum Rundfunkbeitrag? Finden Sie es gut, dass Sie jeden Monat 17,50 Euro für Radio und Fernsehen bezahlen müssen? Und hier sind die Antworten:
👍 Hallo, ich bin Roman und ich bin 23 Jahre alt. Also wissen Sie, ich sehe eigentlich nie fern, nur sehr selten. Ich schaue lieber YouTube-Videos. Deshalb finde ich es nervig, dass ich so viel Geld bezahlen muss.
👍 Guten Tag, mein Name ist Sybille Meier, ich bin 65 Jahre alt. Ich finde es ganz wichtig, dass die Medien ohne Geldprobleme arbeiten können. Das ist wichtig für die Qualität. Wir müssen alle den Rundfunkbeitrag bezahlen, dann gibt es auch ein gutes Programm. Ich sehe auch sehr gern fern, also bezahle ich den Beitrag.
👍 Hallo, ich heiße Jonas Funk. Ich bin 46 Jahre alt. Ich zahle jeden Monat den Beitrag, es ist für mich ganz normal. Wissen Sie, ich brauche das Fernsehen und Radio nicht oft, aber meine Kinder sehen viel fern. Und ich denke, dass der Beitrag wichtig ist.

5 Alltag oder Wahnsinn?

1.6

1. Wann machen Sie Mittagspause? – Ach so, zwischen eins und halb zwei.
2. Ab wann fährt der Bus? – Oh, ab sechs Uhr. Das ist früh.
3. Bis wann arbeiten Sie heute? – Ach so, bis 17 Uhr. Das ist gut.
4. Ab wann haben Sie Urlaub? – Oh, ab Montag. Super!
5. Wann trainieren Sie im Fitnessstudio? – Was? Zwischen 20 und 23 Uhr? So spät?
6. Bis wann brauchen Sie die Informationen? – Oh, schon bis morgen …

2.3

🗨 Hi, Simone. Wie war dein Tag?
👍 Oh, spannend. Ich habe heute Morgen etwas ausprobiert. Ich habe genau aufgeschrieben, wann ich was gemacht habe.
🗨 Aha. Und?
👍 Also, ich bin um sechs Uhr aufgestanden. Dann habe ich Tee getrunken, das war um 6:20 Uhr. Um 6:35 Uhr habe ich Zeitung gelesen und gefrühstückt. Und um sieben Uhr habe ich mich gewaschen. Dann habe ich mich angezogen. Das war um … warte hier: Um Viertel nach sieben habe ich mich angezogen. Und um halb acht habe ich mich gekämmt und geschminkt. Und um fünf vor acht bin ich aus dem Haus gegangen und dann habe ich genau um acht Uhr die U-Bahn genommen.
🗨 Und jetzt?
👍 Jetzt weiß ich genau, wie viel Zeit ich brauche. Das ist doch toll, oder?
🗨 Na ja …

3.3 + 3.4 + 3.5

Hallo, hier ist Katharina Wieland. – Oh, Isabell, schön, dass du anrufst. Danke. Mir geht es gut. Und dir? – Schön, ich hatte heute einen sehr ruhigen Tag. Der Morgen hat schon super angefangen. Ich habe bis acht Uhr ausgeschlafen. Die Mädchen haben bei einer Freundin geschlafen und Thomas ist beruflich in Freiburg. – Ja, ganz allein! Ich habe natürlich gearbeitet, aber den Morgen hatte ich für mich. Ein Traum! Es war so ruhig. Ich hatte das Bad für mich allein. Ich habe Zeitung gelesen und in Ruhe gefrühstückt. – Nein, ich habe meistens keine Zeit. Ich mache das Frühstück für die Mädchen, aber ich trinke selbst nur einen Kaffee. Aber, weißt du was? Ich freue mich sehr, dass sie heute Abend alle wieder nach Hause kommen. Dann ist es morgens wieder hektisch, aber das mag ich ja auch. So, jetzt erzähl du mal …

5.1

1. Weißt du, gestern. Also … Das war echt blöd von mir. Es tut mir leid … Entschuldigung!
2. Mann! Ich bin echt sauer! Warum kommt er jedes Mal zu spät? Kann er nicht ein Mal pünktlich sein? Das ärgert mich! Ich finde das echt blöd. Mann … Wirklich …
3. 🗨 Hallo!
 👍 Ja, hallo! Wie schön.
 🗨 Toll, dass wir uns sehen. Du siehst ja gut aus.
 👍 Danke. Du auch.
4. 🗨 Kannst du bitte auch mal etwas im Haushalt machen?! Wie die Wohnung schon wieder aussieht! Warum muss ich hier immer alles allein machen: die Kinder, die Wäsche, das Essen …
 👍 Wie bitte? Warum sagst du das? Ich mache sehr viel im Haus. Ich helfe dir sehr oft bei …

💬 Was heißt „helfen"? Das ist genauso deine Aufgabe! Wieso bin ich immer mit dem ganzen Stress allein?! Ach, weißt du was, ich hab keine Lust mehr!
5. Wow, wie toll! Schön, dass du anrufst. Ich freu mich! Wie geht's dir?
6. Oh, Mann. Schon zehn vor acht. Ich muss los … Oh je, ich bin schon viel zu spät … Bis heute Abend.

5.5
Was ist los? Hast du Stress? – Warum? War der Morgen wieder hektisch? – Schon wieder? Das hast du letzte Woche auch schon erzählt.

7.2
Mein Alltag ist oft sehr anstrengend. Deshalb ist Wellness für mich eine gute Erholung. In der Nähe gibt es ein schönes Hotel mit einem großen Wellnessbereich, einem Hallenbad und einem Fitnessraum. Dort kann ich baden, trainieren und ich kann mich gut entspannen. Ich liebe die Sauna und gehe gern schwimmen, vor allem im Winter. Ich gehe am liebsten allein ins Wellnesshotel.

7.8 + 7.9
💬 Guten Abend, liebe Zuhörer. Hier ist Marlene Wupper. Ich begrüße Sie zu unserer heutigen Sendung „Modernes Leben". Mein Gast im Studio ist Simon Walter. Herr Walter ist Chef vom Reisebüro Neue Welten, und er verkauft seit zehn Jahren Wellnessreisen. Guten Abend, Herr Walter.
👍 Hallo, Frau Wupper.
💬 Sie haben jedes Jahr mehr Kunden. Warum sind Wellnessreisen so beliebt?
👍 Viele Menschen haben eine anstrengende Arbeit und viel Stress. Und sie wollen auch in der Freizeit immer etwas Tolles machen. Ich glaube, im Alltag gibt es heute einfach zu wenig Ruhe.
💬 Wohin gehen denn die Reisen, die man bei Ihnen buchen kann?
👍 Oh, wir haben viele tolle Reisen in Europa im Angebot – vor allem in Südeuropa – und in den letzten Jahren sind auch Orte in Asien – Thailand, Japan und Bali – dazugekommen. Aber es gibt auch Reisen nach Deutschland, Österreich und in die Schweiz. Da ist für jeden etwas dabei.
💬 Gibt es ein Land, das für Ihre Kunden besonders attraktiv ist?
👍 Im Moment sind unsere Yoga-Reisen in die Türkei besonders beliebt. Aber auch unsere Wellnessreisen nach Thailand sind für viele Kunden sehr interessant.
💬 Yoga, Pilates, Tai-Chi – wie wichtig ist Ihren Kunden das Sportangebot?
👍 Früher war Wellness vor allem Sauna und Massagen. Heute wollen viele Menschen im Urlaub auch sportlich aktiv sein. Sie wollen gesund leben und essen.
💬 Und was ist für Sie ein perfekter Wellnessurlaub?
👍 Ich mache seit vielen Jahren Yoga. Bei Yoga-Reisen kann ich mich am besten erholen. Ich war im letzten Jahr zwei Wochen mit einem tollen Yoga-Lehrer in Griechenland. Ich hatte zwei Yoga-Kurse am Tag, gutes Essen und Massagen am Strand – besser kann es nicht sein.
💬 Danke für das Gespräch, Herr Walter!
👍 Gerne.

6 Die schwarzen oder die bunten Stühle?

1.6
1. Wie viel kostet der schwarze Schreibtischstuhl?
2. Wie viel kostet das altmodische Telefon?
3. Wie viel kostet die weiße Schreibtischlampe?
4. Wie viel kosten die blauen Hefte?
5. Wie viel kostet der rote Papierkorb?
6. Wie viel kostet das kleine Bücherregal?
7. Wie viel kostet die gelbe Tasche?
8. Wie viel kosten die bunten Stifte?

1.8
1. Wie finden Sie den schwarzen Schreibtischstuhl? – Ich finde den schwarzen Schreibtischstuhl elegant.
2. Wie finden Sie das altmodische Telefon?
3. Wie finden Sie die weiße Schreibtischlampe?
4. Wie finden Sie die blauen Hefte?
5. Wie finden Sie den roten Papierkorb?
6. Wie finden Sie das kleine Bücherregal?
7. Wie finden Sie die gelbe Tasche?
8. Wie finden Sie die bunten Stifte?

3.2
Guten Tag, kann ich Ihnen helfen? – Ja gern. Schauen Sie mal hier. Wie gefallen Ihnen diese Sofas? – Nein, tut mir leid. Im Moment haben wir keine schwarzen Sofas. Aber wir haben hier ein sehr schönes Sofa in Grau. Ein sehr dunkles Grau. – Das ist gerade im Angebot. Nur 599 Euro. – Ja, natürlich. Das ist kein Problem. Das kostet dann 100 Euro.

4.2
💬 Wo ist der blaue Anzug?
👍 Der blaue Anzug? Das weiß ich nicht. Hier ist kein blauer Anzug.
💬 Und wo ist der graue Anzug?
👍 Wo ist das grüne Kleid?
👍 Wo ist die rote Bluse?
💬 Wo sind die gelben Schuhe?

4.3
💬 Siehst du den blauen Anzug?
👍 Den blauen Anzug? Nein, ich sehe keinen blauen Anzug.
💬 Siehst du den grauen Anzug?
👍 Siehst du das grüne Kleid?
👍 Siehst du die rote Bluse?
💬 Siehst du die gelben Schuhe?

Hörtexte

5.3
Gestern habe ich eine besondere Lampe gekauft. Der schwarze Fuß ist aus Metall. Der gelbe Lampenschirm ist aus Stoff. Die Lampe macht ein sehr warmes Licht. Leider war die Lampe nicht billig. Sie hat 495 Euro gekostet.

5.4
Hallo, Anna, ich habe mal ein bisschen im Internet gesucht und habe zwei tolle leichte Laptops für dich gefunden. Hast du was zum Schreiben? Ich sag dir die Infos. Also, der erste Laptop ist super leicht, nur 1,2 Kilo. Natürlich nicht ganz billig: 690 Euro. Aber die Farbe ist fantastisch. Ein dunkles Rot – und er hat ein interessantes Design. Sieht cool aus! Der zweite Laptop ist auch nicht schlecht. Er ist noch ein bisschen leichter, nur 1,1 Kilo. Und er ist ein bisschen billiger: 479 Euro. Aber die Farbe gefällt mir nicht – einfach schwarz. Auch das Design ist normal, nichts Besonderes, ein bisschen langweilig. Ruf mich mal an!

Und in Ihrer Sprache?
Guten Tag, Martha Winkler von der Firma Möbelmann. Sie haben am 31.10. ein Sofa bei uns bestellt. Wir können das Sofa am 25.11. liefern. Wir kommen zwischen 10 und 15 Uhr. Passt Ihnen der Termin? Bitte rufen Sie uns an. Wir können auch einen Termin im Dezember machen. Unsere Telefonnummer ist 02634-643190. Viele Grüße und einen schönen Abend!

Alles klar?

3
- Mode-Shop, mein Name ist Dönges, was kann ich für Sie tun?
- Guten Tag, ich möchte die Jacke aus dem Angebot bestellen.
- Wir haben gerade keine Jacke im Angebot. Tut mir leid. Sagen Sie mir bitte die Bestellnummer?
- Das ist die LM 25909.
- LM 25909? Ach so, die war letzte Woche für 39,90 Euro im Angebot. Aber nur in Grün. Jetzt kostet sie 44,90 Euro.
- Ach so, hm, 44,90 Euro – das ist nicht so günstig. Aber ich nehme die Jacke. Haben Sie die Jacke auch in Blau?
- Ja, in Blau gibt es die auch.
- Toll, dann nehme ich die Jacke bitte einmal in Blau.
- Gern, sagen Sie mir doch bitte Ihren Namen und Ihre Adresse …

5|6 Leben in Deutschland

2a + 2b

1.
- Ganztagsschule in der Jebensstraße. Fritz am Apparat.
- Guten Tag, mein Name ist Annita Grimmich. Mein Sohn kommt im September in Ihre Schule. Ihre Schule ist doch eine Ganztagsschule, oder?
- Ja.
- Gut. Wie lange sind dann die Kinder in der Schule?
- Jeden Tag von 8 bis 16 Uhr, nur am Freitag geht der Unterricht bis 15 Uhr.
- Müssen die Kinder dann noch Hausaufgaben zu Hause machen?
- Nein, die Hausaufgaben machen sie in der Schule. Sie haben am Nachmittag auch frei und können spielen oder ein Musikinstrument lernen.
- Ach, das ist schön. Vielen Dank. Auf Wiederhören.
- Gern. Auf Wiederhören.

2.
- Petra Boie. Ja bitte?
- Guten Tag, mein Name ist Annita Grimmich. Ich habe Ihre Nummer von einer Freundin bekommen. Ich suche eine Betreuung für unseren Sohn – für die Nachmittage. Meine Freundin hat gesagt, dass Sie an den Nachmittagen auch Schulkinder nehmen.
- Wie alt ist denn Ihr Sohn?
- Er ist fünf und kommt im September in die Schule.
- Hm, ja, ich betreue Schulkinder, aber nur in den Ferien.
- Schade, aber vielen Dank. Auf Wiederhören.
- Auf Wiederhören.

3.
- Hort Sonnenkinder, Sie sprechen mit Frau Laue.
- Guten Tag, Annita Grimmich hier. Mein Sohn kommt im September in die Schule und ich brauche einen Hortplatz für ihn.
- Von wann bis wann brauchen Sie eine Betreuung?
- Oh, ich arbeite den ganzen Tag. Von wann bis wann haben Sie geöffnet?
- Von 7 bis 8 Uhr und dann von 14 bis 18 Uhr.
- Und für wie viele Stunden kann man ein Kind anmelden?
- Für vier Stunden oder auch mehr – pro Tag.
- Aha. Ich brauche dann morgens eine Stunde und am Nachmittag auch – dann immer bis 17 Uhr. Haben Sie auch in den Ferien geöffnet?
- Ja, aber nur in den Herbstferien und zwei Wochen in den Sommerferien. Da haben wir geöffnet. Vier Wochen im Sommer und in den Weihnachtsferien ist der Hort zu.
- Ah, das ist gut. Und haben Sie noch einen Platz?
- Ja, Sie können morgen Nachmittag zu uns kommen und das Anmeldeformular ausfüllen.
- Vielen Dank, ich komme. Bis morgen dann.
- Bis morgen.

3a

○ So, und nun noch zur Klassenfahrt: Wir wollen im Frühling eine Klassenfahrt machen und fahren nach Ofterschwang in Bayern. Dort gibt es ein Landhaus mit vielen Tieren – Katzen, Hunden, Kaninchen und auch Pferden. Wir fahren mit dem Zug. So, und jetzt die wichtigen Daten: Wir fahren am 21. Mai und bleiben drei Tage, d.h. am 24.5. kommen wir zurück. Wir treffen uns am Montag – also am 21.5. um 8:45 Uhr am Bahnhof. Wir kommen dort auch wieder an, und zwar am Donnerstag, am 24.5. um 13:10 Uhr. Die Klassenfahrt kostet 157 Euro. Überweisen Sie das Geld bitte bis Ende Februar auf das Schulkonto. Haben Sie noch Fragen?
○ Ja, meine Tochter hat eine Nussallergie.

7 Wohin kommt das Sofa?

3.2

○ Immobilien Huber, grüß Gott. Was kann ich für Sie tun?
○ Grüß Gott. Thomas Reiter hier. Ich interessiere mich für die Wohnung in Leopoldskron.
○ Es tut mir leid, aber die Wohnung ist nicht mehr frei.
○ Oh! Das ist schade.
○ Aber wir haben zwei andere Wohnungen in Salzburg-Süd, die Sie vielleicht interessieren.
○ Ja? Wie sind die Wohnungen?
○ Die erste Wohnung ist eine 2-Zimmer-Wohnung im ersten Obergeschoss. Das ist eine Altbauwohnung, aber sehr modern und schön. 78 Quadratmeter.
○ Das klingt gut. Aber wie hoch ist die Miete?
○ 956 Euro im Monat plus Betriebskosten.
○ Betriebskosten, das sind die Nebenkosten, oder?
○ Ja, richtig. Die Nebenkosten, also Wasser und Heizung.
○ Und wie hoch sind die Nebenkosten?
○ Die jetzigen Mieter zahlen circa 70 Euro im Monat.
○ 70 Euro, das geht noch. Kann ich die Wohnung besichtigen?
○ Ja, ich habe heute Nachmittag einen Besichtigungstermin. Sie können gern um 16:30 Uhr kommen.
○ Oh, um halb fünf arbeite ich noch. Könnte ich auch etwas später kommen? Um halb sechs?
○ Ja, kein Problem. Wir sind da.
○ Super. Wie ist die Adresse?
○ Beethovenstraße Nummer 71, erstes Obergeschoss.
○ Und die zweite Wohnung?
○ Sie ist auch in Salzburg-Süd, in der Heilbrunner Allee. Das ist eine 3-Zimmer-Wohnung im Erdgeschoss.
○ Toll – drei Zimmer! Aber dann ist die Wohnung bestimmt auch teurer.
○ Ja, aber sie ist auch größer, 98 Quadratmeter. Die Miete ist 1280 Euro im Monat. Das ist die Warmmiete, also schon mit den Nebenkosten. Sie müssen keine weiteren Nebenkosten bezahlen.
○ Keine Nebenkosten? Toll! Ich möchte die Wohnung gern besichtigen.
○ Morgen Abend gibt es einen Termin. Sie können um 19:15 Uhr kommen. Passt das?
○ Ja, 19:15 Uhr ist in Ordnung ... In der Heilbrunner Allee, sagen Sie?
○ Ja. Heilbrunner Allee Nummer 19. Im Erdgeschoss.
○ Gut, danke. Bis heute Nachmittag dann.
○ Ja, bis dann. Auf Wiederhören.
○ Auf Wiederhören.

4

Immobilien Huber, grüß Gott. Was kann ich für Sie tun? – Ja, die Wohnung in Salzburg-Süd ist noch frei. Das ist eine schöne 2-Zimmer-Wohnung im Erdgeschoss. Die Miete ist 800 Euro plus Nebenskosten. – Das kann ich nicht genau sagen, aber die jetzige Mieterin hat mir gesagt, dass sie 40 Euro für Wasser und Strom und 50 Euro für die Heizung bezahlt. – Morgen Abend gibt es einen Besichtigungstermin. Sie können um 20 Uhr kommen. Passt das? – Die Adresse ist Heilbrunner Allee Nummer 139, im Erdgeschoss. – Ja, bis dann. Auf Wiederhören.

6.2

1. ○ So, die Fahrräder sind im Garten.
   ○ Im Garten? Aber die Fahrräder kommen in den Keller!
   ○ Ach so, die Fahrräder kommen also in den Keller.
2. So, der Computer steht auf dem Küchentisch. – Natürlich, der Computer kommt auf den Schreibtisch.
3. So, die Lampe steht neben der Kaffeemaschine. – Ach so, die Lampe kommt also neben die Pflanze.
4. So, das Sofa steht zwischen den Regalen. – Ach so, das Sofa kommt zwischen die Fenster.
5. So, die Kiste mit den Büchern steht jetzt im Schlafzimmer. – Ach so, die Kiste mit den Büchern kommt ins Arbeitszimmer.

8.1

○ Schau mal, das blaue Sofa da.
○ Oh ja, es ist schön, aber sehr groß. Wohin kommt es?
○ Ich denke, das Sofa kommt ins Wohnzimmer unter das Fenster.
○ Unter das Fenster? Ja, gute Idee! Also kaufen wir das blaue Sofa. Und wie findest du den schwarzen Sessel?
○ Ich finde ihn sehr modern. Willst du ihn im Arbeitszimmer haben?
○ Nein, ich denke, er passt besser ins Wohnzimmer, an die Wand zwischen den Balkon und die Küche.

Hörtexte

○ Okay, das finde ich gut. Dann brauchen wir auch noch einen Schrank fürs Schlafzimmer ... Schau mal, diese Schränke gefallen mir gut.
○ Hm, nicht schlecht. Ich habe eine Idee: Der große Schrank mit dem Spiegel kommt ins Schlafzimmer links neben die Tür.
○ Neben die Tür? Das ist eine gute Idee! Ja, und der kleine Schrank kommt ins Kinderzimmer zwischen das Bett und das Fenster.
○ Zwischen das Bett und das Fenster? Hm, gibt es genug Platz? Das Kinderzimmer ist sehr klein.
○ Ja, er passt bestimmt. Und jetzt brauche ich noch eine Lampe für mein Arbeitszimmer.
○ Die große Lampe hier ist schön ...
○ Ja, toll! Sie kommt rechts neben den Schreibtisch vor das Fenster!
○ Dann haben wir alles, oder? Hoffentlich können sie alles liefern. Du weißt doch, wie diese Möbelgeschäfte manchmal ...

9.3
3-Zimmer-Wohnung in Berlin-Kreuzberg – kostenlos! Ich reise für zwei Monate nach Brasilien. Möchten Sie in meiner Wohnung in Berlin wohnen? Die Wohnung ist 89 Quadratmeter groß und hat drei Zimmer. Ich will keine Miete bekommen, aber Sie müssen die Nebenkosten bezahlen: Strom, Wasser und Heizung. Ich habe auch ein Haustier, einen Hund, „Rollo". Er ist sehr süß. Sie müssen mit ihm dreimal am Tag spazieren gehen. Was noch? Bitte gießen Sie auch meine Pflanzen und räumen Sie manchmal auf. Das ist alles. Sind Sie interessiert? Dann rufen Sie mich an: 0176 5254337.

8 Lebenslinien

1.2 + 1.3
1. Mein erster Schultag war im Jahr 1988 und ich kann mich noch gut an meine Schulzeit erinnern. Am Anfang wollte ich nicht zur Schule gehen. Ich wollte lieber im Kindergarten bleiben. Wir haben in einem kleinen Dorf gewohnt und ich hatte einen langen Schulweg. Im ersten Jahr hat meine Mutter mich mit dem Auto zur Schule gebracht, später bin ich mit dem Bus gefahren. In der Schule war ich oft das böse Kind, weil ich mich immer mit meinem Freund unterhalten habe. Ich habe auch oft meine Schulsachen vergessen. Dann mussten mir die anderen Kinder Papier, einen Radiergummi oder ihr Buch leihen. Aber ich hatte Glück: Meine erste Lehrerin war toll. Wir durften sie alles fragen. Das Lernen hat bei ihr richtig Spaß gemacht. Ich habe sehr schnell lesen gelernt und dann konnte ich selbst Bücher lesen. Schreiben hat mir auch gefallen. Ich habe meiner Mutter manchmal kleine Zettel geschrieben. Ich weiß noch, dass sich meine Mutter sehr gefreut hat. Auch der Musikunterricht war toll. Wir haben oft gesungen und auch getanzt!

2. Ich bin in den 70er Jahren zur Schule gegangen. Ich wollte sehr gern zur Schule gehen und dann war er da: der erste Schultag! Ich weiß noch, dass wir von der Lehrerin eine gelbe Mütze bekommen haben. Wir sind zu Fuß zur Schule gegangen und die Autofahrer konnten uns gut sehen. Meine Mutter ist nur in der ersten Woche mitgekommen. In unserem Haus waren wir viele Kinder, deshalb mussten wir nie alleine gehen. Das war gut, weil der Weg auch lang war. Wir hatten immer viel Spaß, auch in den Pausen auf dem Hof. Die Klassen waren damals sehr groß: Wir waren 36 Kinder in meiner Klasse! Manchmal war es sehr laut und dann musste sich ein Kind in die Ecke stellen. Aber meine erste Lehrerin war sehr nett und ich war gern in der Schule. Später hatte ich dann auch andere Lehrer – die waren leider nicht so nett wie Frau Krämer. Die Musiklehrerin war sehr streng. Wir mussten immer aufstehen und „Guten Morgen, Frau Hammerschmidt" singen. Sie ist auch immer sehr böse geworden und der Unterricht hat keinen Spaß gemacht. Ich singe bis heute nicht mehr gern.

3.3
1. Ich durfte auch im Winter Eis essen. – Wirklich? Du durftest auch im Winter Eis essen?
2. Ich musste immer um 18 Uhr zu Hause sein.
3. Ich durfte nicht mit anderen Kindern spielen.
4. Ich musste nie für die Prüfungen lernen.
5. Ich konnte schon im Kindergarten meinen Namen schreiben.
6. Ich durfte immer bis zehn Uhr abends ausgehen.

4.3 + 4.4
○ Willkommen zu unserer Sendung „Lebensläufe – vom Hobby zum Beruf". Heute spreche ich mit zwei Frauen. Sie haben ihr Hobby zum Beruf gemacht. Sie sind Marina Meierfeld, nicht wahr?
○ Ja, aber sag doch bitte Marina.
○ Okay, Marina, wie alt bist du und was für eine Ausbildung hast du gemacht?
○ Ja, also ich bin 1986 in Jena geboren und dort auch zur Schule gegangen. 2004 habe ich das Abitur gemacht. Meine Eltern wollten, dass ich studiere, aber ich wollte nicht zur Universität. Ich habe schon immer gern mit schönen Dingen gearbeitet. Deshalb habe ich bis 2007 eine Ausbildung zur Dekorateurin gemacht.
○ Aber du arbeitest heute nicht als Dekorateurin, oder, Marina?
○ Nein, nicht mehr. Ich habe vier Jahre für ein großes Möbelgeschäft gearbeitet und die Arbeit war okay, aber manchmal auch langweilig. Ich hatte viele Ideen. Aber sie haben meinem Chef oft nicht gefallen und ich durfte nicht alles machen. In der Freizeit habe ich viel fotografiert. Da konnte ich tun, was ich wollte.
○ Und dann?

👍 Ha, das war wirklich toll! Ein Freund hat ein Foto von mir zu einem Wettbewerb geschickt. Ich habe das nicht gewusst, aber mein Foto hat gewonnen! Dann habe ich öfter für Zeitungen gearbeitet und jetzt arbeite ich schon seit fünf Jahren als Fotografin. Im Sommer hatte ich sogar eine Ausstellung.

💬 Wie schön. Ich wünsche dir weiter viel Erfolg! Und nun zu unserem zweiten Gast: Frau Brunner, auch Sie haben Ihren Beruf gewechselt, oder?

💬 Na ja, ich war schon immer Lehrerin. Ich bin heute 43 Jahre alt, ich bin also 1973 geboren. Ich war eine gute Schülerin und habe 1991 das Abitur gemacht. Dann habe ich Deutsch und Sport studiert und danach habe ich fünfzehn Jahre als Lehrerin hier in Hamburg an einer Realschule gearbeitet.

💬 Okay, das klingt doch gut!

💬 Na ja, die Arbeit war sehr anstrengend. Die Schule hatte viele Probleme: viele Schüler, zu wenig Lehrer und zu wenig Geld und so. Für mich war besonders schwer, dass ich fast keine Zeit für mein Hobby hatte.

💬 Was für ein Hobby, Frau Brunner?

💬 Ich tanze seit meiner Kindheit. Für mich ist das sehr wichtig. In meiner Straße gibt es eine Tanzschule. Dort habe ich schon als Kind getanzt. Vor einem Jahr musste die Tanzschule fast schließen. Klaus, der Chef, wollte die Tanzschule verkaufen. Also habe ich die Schule gekauft und bin Tanzlehrerin geworden. Ich hatte eigentlich zu wenig Geld, aber meine Familie und alle meine Freunde haben mir Geld geliehen. Heute verdiene ich weniger Geld als früher, aber mein Hobby ist jetzt mein Beruf – und das ist super!

💬 Das sind doch zwei tolle Lebensläufe. Wir machen jetzt etwas Musik und Sie, liebe Hörerinnen und Hörer, können uns anrufen und uns erzählen, wie …

6.2
Von 1993 bis 1997 bin ich zur Grundschule gegangen. Danach habe ich von 1997 bis 2002 die Realschule besucht. Ich hatte nicht so gute Noten. Deshalb konnte ich nicht studieren. Meine Eltern wollten, dass ich eine Ausbildung zur Sachbearbeiterin mache. Das war sehr langweilig. 2004 habe ich dann das Abitur gemacht und bin zur Universität gegangen. Bis 2009 habe ich Kunst studiert. Seit 2011 arbeite ich in einem Museum und organisiere Ausstellungen.

6.4
Wie lange sind Sie zur Schule gegangen? – Wie war Ihre Schulzeit? Hatten Sie gute Noten? Und wie waren Ihre Lehrer und Lehrerinnen? – Haben Sie eine Ausbildung gemacht oder haben Sie studiert?

7|8 Leben in Deutschland

1a
💬 Mist!
💬 Jan, was ist? Hast du schlechte Nachrichten bekommen?
💬 Ja, leider. Ich habe meine Nebenkostenabrechnung bekommen.
💬 Nebenkostenabrechnung? Was ist das?
💬 Das ist die Rechnung für meine Nebenkosten für das ganze Jahr.
💬 Und was sind Nebenkosten?
💬 Hm … Nebenkosten sind Kosten – also Geld – für Müll, Wasser, Strom, Heizung usw.
💬 Aha. Und was ist das Problem?
💬 Ich muss 545,87 Euro nachzahlen, also noch mehr Geld bezahlen!
💬 Oh je. Und warum ist es so viel?
💬 Keine Ahnung. Das muss ich jetzt genau lesen.

5a + 5b
💬 Guten Morgen. Mein Name ist Steve Miller. Ich habe seit heute Morgen keinen Strom mehr. Warum? Im Internet steht, das kann nicht passieren.
👍 Haben Sie Ihren Stromanbieter gewechselt?
💬 Ja. Vor drei Wochen.
👍 Und wer ist Ihr neuer Anbieter?
💬 Na, Ihre Firma.
👍 Ah, das ist ein Missverständnis. Wie ist Ihr Nachname bitte?
💬 Miller.
👍 Miller … Hm, ich finde Sie in unserem System nicht.
💬 Ich habe aber den Vertrag im Internet ausgefüllt.
👍 Und haben Sie von uns eine Antwort bekommen?
💬 Ja, warten Sie … Hier steht: „Vielen Dank, dass Sie uns gewählt haben. Bitte bestätigen Sie Ihren Stromwechsel zu unserem Anbieter."
👍 Und haben Sie den Wechsel bestätigt? Haben Sie uns noch eine E-Mail geschickt?
💬 Äh, nein … Ich glaube, ich habe da etwas falsch verstanden. Mein Deutsch ist nicht so gut. „Bestätigen" – was heißt das genau?
👍 Sie müssen uns noch einmal eine E-Mail schicken und dort schreiben Sie, dass Sie wirklich wechseln wollen.
💬 Oh, Entschuldigung, das habe ich nicht gewusst. Und jetzt?
👍 Kein Problem. Ich helfe Ihnen. Warten Sie kurz …

Bildquellen

Cover Gabriele Croppi/SIME/Schapowalow – **S. 6** *1* Fotolia/daviles; *2* Fotolia/detailblick-foto; *3* Fotolia/roza; *4* Colourbox.com; *5* Shutterstock/Jordan Tan; *6* Fotolia/Africa Studio – **S. 7** *Rahmen* shutterstock/wessley; **S. 8** *Hintergrund* Fotolia/incomible; *1* Fotolia/tl6781, *2* Fotolia/Pefkos; *3* Fotolia/Martin Debus; *4* Fotolia/oxie99; *5* Shutterstock/Radu Bercan; *6* Fotolia/bricef; *7* Fotolia/tang90246; *8* Fotolia/Björn Wylezich; *9* Fotolia/JSFoto – **S. 10** *Fahne* Fotolia/littlehandstocks; **S. 11** *Rahmen* Fotolia/Becker; *links* Shutterstock/badahos; *Mitte* Fotolia/A. Karnholz; *rechts* Fotolia/JFL Photography – **S. 14** *oben* Fotolia/radub85; *a* Fotolia/Romolo Tavani; *b* Fotolia/Zerophoto; *c* Colourbox.com – **S. 15** *oben* Shutterstock/Ammit Jack; *1* Fotolia/Jasmin Merdan; *2* Shutterstock/Marko Tomicic; *3* Fotolia/jackfrog; *4* Shutterstock/Andresr; *5* Fotolia/Daniel Ernst – **S. 16** *Mitte links* Fotolia/Jürgen Hüls; *1, 2, 3* Fotolia/DenisIsmagilov – **S. 18** *links* Fotolia/TOLGA ILDUN; *rechts* Fotolia/Kzenon – **S. 19** *links* Shutterstock/Mangsaab; *rechts* Shutterstock/Kilroy79 – **S. 24** Fotolia/fotomek – **S. 26** Fotolia/Jean-Paul Chassenet – **S. 28** *1* fotolia/kmiragaya; *2* fotolia/ jonnysek; *3* fotolia/alco81; *4* fotolia/soleg; *5* Shutterstock/bikeriderlondon; *6* shutterstock/"O'SHI" – **S. 30** *oben links* Cornelsen Schulverlage/Wildfang; *oben rechts* Fotolia/comodigit; *unten links* Cornelsen Schulverlage/Wildfang; *unten rechts* Fotolia/Jeanette Dietl – **S. 31** *oben* Shutterstock/aslysun; *a* Shutterstock/Anton Watman; *b* Fotolia/auryndrikson; *c* Fotolia/liubovyashkir; *d* Fotolia/Jamrooferpix; *e* fotolia/Jonas Glaubitz; *f* Cornelsen Schulverlage/Björn Schumann; *g* fotolia/JackF; *h* Fotolia/Petair – **S. 32** *oben von links nach rechts* Fotolia/Kara; Fotolia/LIPSKIY PAVEL; Fotolia/Robert Faritsch; Fotolia/Jörg Hackemann; Fotolia/golovianko; *Mitte* Shutterstock/CREATISTA; *unten von links nach rechts* Fotolia/ranftl; Fotolia/unclepodger; Fotolia/bill_17 – **S. 33** *1* Fotolia/grafikplusfoto; *2* Fotolia/Alexander Rochau; *3* Fotolia/sjhuls; *4* Fotolia/Spectral-Design; *5* Shutterstock/rmnoa357 – **S. 34** *1* Fotolia/MAK; *2* Shutterstock/Daxiao Productions; *3* Shutterstock/Ronnachai Palas – **S. 35** *Rahmen* Shutterstock/wessley; *Mitte links* Shutterstock/A_Lesik; *Mitte rechts* Fotolia/Otto Durst; *unten links* Fotolia/Monkey Business – **S. 36** – *oben* Fotolia/AILA_IMAGES; *Mitte* Fotolia/Trueffelpix – **S. 38** *Rahmen oben* Shutterstock/wessley; *Logos von links nach rechts* ARD Design und Präsentation; ZDF; Mediengruppe RTL; ProSiebenSat.1 Media TV Deutschland GmbH; *1* Fotolia/Elnur Amikishiyev; *2* Fotolia/claudiavija; *3* Fotolia/Fotowerk; *4* Fotolia/julien tromeur; *5* Fotolia/Francois du Plessis; *6* Shutterstock/Tatiana Belova; *7* Shutterstock/Andrey_Popov; *8* Shutterstock/VladKol – **S. 39** *rechts* Shutterstock/wavebreakmedia; *Rahmen* Shutterstock/wessley – **S. 41** *Mitte* Shutterstock/praszkiewicz; *unten* action press/Sehrsam,Heiko – **S. 44** *oben* action press/OT, IBRAHIM; *unten* Fotolia/kartoxjm – **S. 45** *1* www.youtube.com/watch?v=_b4s4M04mJI [Abrufdatum: 20.1.2016]; *2* www.youtube.com/user/LeFloid [Abrufdatum: 15.1.2016]; *3* www.ardmediathek.de/tv/sendungen-a-z?buchstabe=T [Abrufdatum: 15.1.2016] – **S. 46** *Logos von links nach rechts* ARD Design und Präsentation; Mediengruppe RTL; ARD Design und Präsentation; ZDF; *unten* www.youtube.com/user/LeFloid [Abrufdatum: 15.1.2016]– **S. 48** *1* Fotolia/brat82; *2* Fotolia/Ros; *3* Fotolia/NATHAPHAT2014; *4* Fotolia/silver-john; *5* Fotolia/Tatty; *6* Fotolia/SkyLine; *Rahmen* Shutterstock/wessley; *Webseite* © Beitragsservice – **S. 49** *Rahmen* Shutterstock/wessley; © Beitragsservice – **S. 50** *oben 1* Fotolia/Monkey Business; *2* Shutterstock/ilolab; *3* Colourbox/Hans Prinsen; *4* Fotolia/grafikplusfoto; *Mitte* Fotolia/nn-fotografie; *unten a* Shutterstock/chippix; *c* Shutterstock/Monkey Business Images – **S. 52**; *1* doodle.com; *2* Fotolia/sunt; *3+5* Fotolia/Nataliya Yakovleva; *4* Fotolia/Nikolai Titov; *6* Fotolia/Ainoa – **S. 54** Fotolia/DragonImages – **S. 55** *Rahmen* Shutterstock/wessley – **S. 56** *1+3+5* Fotolia/Yael Weiss; *2* Fotolia/schinsilord; *4* Fotolia/HitToon.com – **S. 57** *links* Fotolia/Кирилл Рыжов; *rechts* Fotolia/Monkey Business – **S. 58** *Rahmen* Shutterstock/wessley; *a* Fotolia/ Monkey Business; *b* Fotolia/pure-life-pictures; *c: von links nach rechts* Fotolia/Anna Jurkovska; Fotolia/Africa Studio; Fotolia/Paul Vinten; Fotolia/Alexandre Zveiger www.photobank.ch – **S. 59** *Rahmen* Shutterstock/wessley; *1* Fotolia/iordani; *2* Fotolia/chika_milan – **S. 60** *1* Fotolia/Nikolai Titov; *2+4* Fotolia/Nataliya Yakovleva; *3* Fotolia/sunt; *5* Fotolia/Ainoa – **S. 62** Shutterstock/Dragon Images – **S. 63** *Hintergrund* Fotolia/Seraphim Vector; *1. Reihe von links nach rechts* Shutterstock/Krutikov Anton; Fotolia/Mny-Jhee; Fotolia/iuneWind; Fotolia/iuneWind; *2. Reihe von links nach rechts* Fotolia/styleuneed; Fotolia/Kitch Bain; Shutterstock/tkemot; Shutterstock/aperturesound; *3. Reihe von links nach rechts* Fotolia/bayshev; Fotolia/Neyro; Fotolia/Serghei Velusceac; Fotolia/ValentinValkov; *4. Reihe von links nach rechts* Fotolia/Axel Bueckert; Fotolia/blackday; Fotolia/DenisNata; Fotolia/Dragne Marius – **S. 66** *1* Shutterstock/hans engbers; *2* Fotolia/AR; *3* Shutterstock/StockHouse; *4* Fotolia/NIKOLAY DEVNENSKI; *5* Fotolia/linjerry; *Zettel* – **S. 68** *1* Fotolia/bayshev; *2* Fotolia/DragonPhotos; *3* Fotolia/Mny-Jhee; *4* Fotolia/Marina Lohrbach; *Zeitung* – **S. 69** *Rahmen* Shutterstock/wessley – **S. 70** *1 links* Shutterstock/Dmitry Koksharov; *1 rechts* Fotolia/prescott09; *2 links* Fotolia/Mny-Jhee; *2 rechts* Fotolia/lucky_marinka; *3 links* Fotolia/Mihalis A.; *3 rechts* Fotolia/nattstudio; *unten 1* Shutterstock/DragonPhotos; *2* Fotolia/bayshev – **S. 72** *1* Fotolia/photophonie; *2* Fotolia/Woodapple; *3* Shutterstock/FamVeld; *4* Fotolia/AntonioDiaz – **S. 74** Fotolia/Ksenia Raykova – **S. 75** *Rahmen* Shutterstock/wessley – **S. 76** Cornelsen Schulverlage/Volkhard Binder, Telgte – **S. 77** *Rahmen* Shutterstock/wessley; *Hintergrund* Fotolia/paulrommer; *a* Fotolia/elxeneize; *b* Fotolia/Tiberius Gracchus; *c* Fotolia/JSB31; *d* Fotolia/fottoo; *unten von links nach rechts* Fotolia/David Freigner; Shutterstock/Stuart Monk; Shutterstock/racorn – **S. 78** *1* fotolia/by-studio; *2* fotolia/stockphoto-graf; *3+4* fotolia/auremar; *5* fotolia/Alexander Raths; *7+8* fotolia/ArTo – **S. 79** *1–9* Fotolia/PhotoSG; *Mitte* Fotolia/Robert Kneschke – **S. 80** *unten 1–4* Fotolia/Robert Kneschke – **S. 81** *Rahmen* Shutterstock/wessley – **S. 83** fotolia/taonga – **S. 84** Fotolia/Artalis; Fotolia/

Thierry RYO – **S. 86** *oben* Fotolia/aloha2014; *Rahmen* Fotolia/Max Diesel; *Mitte links* Shutterstock/Alberto Zornetta; *Mitte rechts* Shutterstock/Ollyy; *Rahmen* Fotolia/Becker – **S. 87** Colourbox.com – **S. 89** *1. Reihe von links nach rechts* Fotolia/Myst; Fotolia/pressmaster; Fotolia/Pixelot; *2. Reihe von links nach rechts* fotolia/fudio; Fotolia/pressmaster; fotolia/Petair; fotolia/Björn Wylezich; *Mitte links* Fotolia/Oksana Kuzmina; *Mitte rechts* Fotolia/contrastwerkstatt – **S. 90** 1 Fotolia/liubovyashkir; 2 Fotolia/Tomasz Zajda; *Mitte links* Fotolia/Picture-Factory; *Mitte rechts* Fotolia/sylv1rob1 – **S. 92** Shutterstock/Emka74 – **S. 93** *Rahmen* Shutterstock/wessley; *rechts* Shutterstock/Denis Makarenko – **S. 96** *1. Reihe von links nach rechts* Fotolia/Nicolette Wollentin; Fotolia/Pixelot; Shutterstock/Skylines; Fotolia/Trischberger Rupert; Fotolia/woki-foto.de 2012, *2. Reihe von links nach rechts* Shutterstock/Photographee.eu; Shutterstock/Oskari Porkka; Shutterstock/Anna_Kuzmina; fotolia/stockphoto-graf; Fotolia/Andrey Popov – **S. 97** Fotolia/vadymvdrobot – **S. 98** *Rahmen* Shutterstock/wessley; *Mitte* Fotolia/Robert Kneschke – **S. 100** *Mitte links und rechts* Cornelsen Schulverlage/Sharon Adler – **S. 101** *links* Fotolia/ostap25; *rechts* Shutterstock/fiphoto – **S. 106** Shutterstock/Monkey Business Images – **S. 116** Fotolia/incomible

Notizen

Notizen

Inhalt CD

Nr.	Seite	Übung
1.01		(Nutzerhinweis)
1 Auf Reisen		
1.02	5	1.5
1.03	7	3.3+3.4
1.04	8	4.2
1.05	8	4.3
1.06	9	6.2
1.07	11	7.3
1.08	11	8.1
2 Ziele und Wünsche		
1.09	14	1.2+1.3
1.10	17	4.2
1.11	17	5.2
1.12	19	7.2
1.13	21	8.3
1.14	22	2
1|2 Leben in Deutschland		
1.15	26	3a+3b
1.16	27	4a+4b
3 Hoch, höher, am höchsten		
1.17	28	1.4
1.18	31	4.3
1.19	31	5
1.20	33	6.2
1.21	35	8.2
1.22	35	Und in Ihrer Sprache?
4 Ein toller Fernsehabend		
1.23	38	1.2
1.24	40	4.2+4.3
1.25	40	4.5
1.26	41	5.3
1.27	41	5.4
1.28	45	8.2+8.3+8.4
3|4 Leben in Deutschland		
1.29	49	2b

Nr.	Seite	Übung
5 Alltag oder Wahnsinn?		
1.30	53	1.6
1.31	54	2.3
1.32	54	3.1+3.2
1.33	54	3.3+3.4+3.5
1.34	56	5.1
1.35	56	5.5
1.36	58	7.2
1.37	59	7.8+7.9
6 Die schwarzen oder die bunten Stühle?		
1.38	63	1.6
1.39	63	1.8
1.40	65	3.2
1.41	65	4.2
1.42	65	4.3
1.43	66	5.3
1.44	66	5.4
1.45	67	5.7
1.46	69	Und in Ihrer Sprache?
1.47	70	3
5|6 Leben in Deutschland		
1.48	73	2a+2b
1.49	74	3a
1.50	74	3b+3c
7 Wohin kommt das Sofa?		
1.51	78	3.2
1.52	78	4
1.53	80	6.2
1.54	82	8.1
1.55	83	9.3
8 Lebenslinien		
1.56	86	1.2+1.3
1.57	88	3.1+3.2
1.58	88	3.3
1.59	90	4.3+4.4
1.60	91	6.2
1.61	91	6.4
7|8 Leben in Deutschland		
1.62	96	1a
1.63	99	5a+5b